동아시아의 오늘과 내일

국립중앙도서관 출판시도서목록(CIP)

동아시아의 오늘과 내일
최원식, 백영서, 신윤환, 강태웅 엮음.
- 서울 : 논형, 2009
p. ;   cm

ISBN 978-89-6357-001-3 04910 : ₩10000

동아시아 문화[東—文化]

309.11-KDC4
950-DDC21   CIP2009001399

동아시아의 오늘과 내일

최원식·백영서·신윤환·강태웅 엮음

동아시아의 오늘과 내일

엮은이 최원식·백영서·신윤환·강태웅

초판 1쇄 인쇄 2009년 5월 10일
초판 1쇄 발행 2009년 5월 20일

펴낸곳 논형
펴낸이 소재두
등록번호 제2003-000019호
등록일자 2003년 3월 5일
주　소 서울시 관악구 봉천2동 7-78 한립토이프라자 5층
전　화 02-887-3561
팩　스 02-887-6690

ISBN 978-89-6357-001-3 04910
값 10,000원

서문
오늘의 동아시아를 걷다

　세상은 바야흐로 난세의 복판에 처한 듯싶다. 난세야 비단 어제·오늘의 일이 아니지만 지금 우리가 통과하고 있는 국면은 그중에서도 각별한 바 없지 않다. 이전의 분란이 대체로 제국에 대한 반란으로 말미암았다면 지금의 위기는 제국의 자기해체적 징후에 가깝기 때문이다. 우리는 어느 결에 제국 이후의 시대로 진입하고 있는가?

　재작년 내내 공들인 동아시아 기획이 이처럼 간명한 책으로 묶이니 기쁘기 그지없다. 우선 이 책의 내력을 밝혀두고 싶다. 2006년 연말 나는 조운찬 기자(당시 경향신문 문화부장)로부터 한통의 전화를 받았다. '오늘의 동아시아'란 제목의 기획기사를 반년간에 걸쳐 연재하고 있는데 이제 마무리를 지어야 할 것 같으니 내가 그 역할을 맡아주었으면 한다는 부탁이다. 여러 모로 고마운 일이다. 나는 이 사실을 서남포럼 운영위원회에 알리고 대책을 숙의했다. 이 기획을 이대로 마무리하기보다는 서남재단이 협동하여 계속하는 것이 좋겠다는 쪽으로 의견이 모아졌다. 그 뒤 양측의 협의 결과 '동아시아의 오늘과 내일'이라는 제목으로 후속기획을 2007년 1월부터 시작한다는 합의 아래 나와 백영서 교수의 대담(1. 6)으로 대장정은 출범하였다. 정치에서 문화에 이르기까지 거의 모든 주제를 망라하면서, 학자에서 활동가까지 거의 모든 인적 자원을 동원하면서, 지적 모험은 계속되었다. 그리하여 그해 연말(12. 29) 숨가쁘게 달려온 1년을 회고하고 앞을 내다보는 좌담회(강태웅, 백지운, 이병한)로 마침내 대단원을 맺었던 것이다. 새삼 이 기획을 안팎에서 도와준 모든 분들께 깊은 감사를 드리는 바이다. 과감히 지면을 할애한 경향신문의 배려와 이를 빈틈없이 후원한 서남재단의 노고가 각별했다. 대담과 좌담을 제외하더라도 총 44개의 주제를 선정하고 45인에 이르는 국내외의 필자를 추천하는 까다로운 작업을 기꺼이 맡아준 서남포럼 운영위원들의 헌신을 기억하면서, 우리의 기획을 동아시아담론의 지형도를 조감하는 인적 자원의 보물창고로 만들어 주신 필자 여러분이 무엇보다도 고맙다.

 경향신문 측에서 책으로 묶어낼 계획을 가지고 있지 않다는 점을 확인한 후 서남포럼은 이 기획을 어찌 처리할지에 대해 논의했다. 그대로 묵혀두기보다는 가닥을 잡아 책으로 펴내는 것이 필자와 독자에 대한 의무라는 데 공감했다. 우리가 관여한 2007년 컬럼들만을 대상으로 원고상태를 살피고 갈래를 짓는 어려운 작업은 강태웅 교수가 감당했다. 강 교수가 고심 끝에 제출한 편집안을 검토하면서, 양적 제한과 주제적 분류 때문에 부득이 제외된 원고가 적지 않아 미안함을 금할 수 없었지만, 책으로 묶어도 손색이 없다는 점에는 흐뭇했다. 그래서 독서시장에 진출하는 형태를 취하기로 하였다. 출판사 교섭도 강 교수가 맡았다. 논형에서 응답했다는 기쁜 소식을 듣고, 이 책이야말로 우리 사회 곳곳에 포진한 동아시아인들의 집합적 생산물이 아닐까, 자랑스러웠다.

  이 책은 총 7장으로 구성되었다. 그 중 대화로 이뤄진 7장을 일종의 부록으로 친다면 본문은 6장인 셈이다. 우리는 '동아시아의 문화교류'를 점검한 네 꼭지의 글들을 묶어 오늘의 동아시아를 탐색하는 여정의 출발점으로 삼았다. 타이완에서 시작하여 일본을 거쳐 한국으로 나아간 중국의 대중문화붐을 분석하면서 "대중문화를 통해 새로운 동아시아를 상상하는 일"이 자본과 국가주의라는 만만찮은 난관을 돌파하는 작업과 병행할 때 비로소 창조적 가능성으로 이전될 수 있음을 예리하게 지적한 임우경, 동북아 바깥 동남아로 확장된 한류현상을 검토하며 문화제국주의적 징후를 넘어서 한류가 진정한 상호소통의 언어로 진화하기 위한 새로운 지평을 비판적으로 성찰한 이한우, "강한 커뮤니티를 유도하는" 특성으로 동아시아를 석권한 한국의 온라인게임들이 거둔 놀라운 성공과 함께 찾아온 위기를 자상히 분석한 강재호, 그리고 범아시아 영화합작이란 새로운 흐름의 대두가 지니는 의의와 한계를 짚되 내부의 소수자 문제를 축으로 새로운 대화를 조직하는 '트랜스아시아영화 또는 인터아시아영화'의 가능성에 주목한 김소영. 1장에 거두어진 글들은 이미 동아시아가 각 나라의 '국민적' 생활세계를 아래로부터 깊숙이 먹어가고 있음을 실감나게 보여준다.

  2장은 1장의 현실을 바탕으로 동아시아 '공동의 집'을 건축하기 위한 제도론적 탐구라고 할 수 있다. "엇비슷한 여러나라들이 경쟁하고 견제하는 유럽과 달리 초월적 지위를 가진 제국이 군림해온 동아시아"에서 공동교과서를 만드는 일의 중요성과 어려움을 간명히 요약한 유용태, 동아시아 공동체의 기초를 구축하는 방안으로 "종래와 같이 대학끼리 협약을 맺는다거나 자매교를 늘리는 것과는 전혀 다른" 맥락에서 제안된 동아시아공동대학론을 소개한 백영서, 그리고 깊어가는 경제적 상호연관성에도 불구하고 공동체 결성이 지지부진한 동아시아에서 그 장애요인들을 분석하는 한편 무엇보다도 공동체 결성과정에서 한국이 자신의 역할을 높은 수준에서 자각하는 일의 중요성을 강조한 윤덕룡. 네트워크 또는 공동체로 가는 도정에서 우리가 해결해야 할 실천적 과제들을 검토한 전형으로서 모자람이 없다.

  1, 2장의 문제의식을 계승하여 한국과 동아시아의 통합정도를 다시금 점검한 것이 3장이다. 한국으로 유학온 외국학생들이 3만 명을 넘어선 요즘, 특히 아시아계 유학생들을, "근대 이후를 모색하는 아시아", "공동의 동량재로 인식하는 발상의 전환"을 촉구하는 김명인, '외국인 100만 명 시대'의 도래와 함께 떠오른 "동아시아 개도국 출신 결혼이주여성"의 문제를 단일민족신화의 폐쇄성을 해체하고 다문화사회의 생산적 에너지로 변환하는 실천적 전망 속에서 고찰한 김이선, 동아시아 각국에서 한국학과가 경쟁적으로 증가하는 추세가 근본적으로는 "한국 기업에 인력을 공급하기 위"한 실용성에 긴박되어 있기 때문에 "문학과 역사와 철학에 대한 균형잡힌 관심"에 기초한 한국학 교육으로 들어올려지지 못하는 현실을 냉철히 인식하고 그 대책을 모색한 홍정선, 민주화와 경제발전을 동시에 달성한 덕에 한국어가 호주에서 아시아 4개 핵심어로 부상浮上했음에도 불구하고 아직은 튼튼치 않은 호주 한국학의 현주소를 생생한 현장의 소리를 전달한 판카즈 모한Pankaj Mohan. 바야흐로 한국과 동아시아를 마주 세우는 새 교육의 의제설정이 시급한 시점이라는 점을 절감케 한다.

  4장에서는 각도를 달리하여 나라들 사이에 걸쳐 있는 디아스포라의 문제를 다뤘다. 연변 조선족과 일계 브라질인의 유동적 체류라는 새로운 양상에 주목함으로써 동아시아 디아스포라의 트랜스내셔널 문제를 "국민국가 시스템에 의문을 제기하고 국민국가 이후의 미래를 전망하는 적극적 의미"로 들어올린 임성모, 전 지구적 자본축적의 운동 속에서 디아스포라조차 "해외에 거주하는 유용한 '자원'으로 개념화"하면서 600만 해외동포를 한국사회가 어떻게 포섭하느냐에 따라 한민족 디아스포라의 성격이 결정될 것이라는 새로운 지점을 날카롭게 지적한 권숙인, 타이완의 타이완화에 따라 중국에 대한 귀속감이 강화중인 노년층과, 한국에 대한 친숙화의 증대 속에 한국화가 급속히 진행되는 젊은 층으로 분화된 2만 명의 한국화교가 겪고 있는 과도적 성격을 생생하게 보고한 왕은미. 디아스포라 사회 자체가 날카로운 변화를 맞이하고 있는 요즘 그들은 이제 별종의 난민이 아니라 바야흐로, 지역통합으로 가는 길을 선도하는 창조적 경계인으로 떠오르고 있는 것이다.

    5장은 동아시아 각 나라에서 현재 토의되는 문학과 역사의 쟁점들을 다뤘다. 일본과 한국에서 한참 회자되던 문학위기론의 중국 상륙을 알리는 순문학 논쟁의 속셈을 문혁이라는 트라우마와 개혁개방 이후의 탈정치화라는 이중의 압박과 연관지어 해명하면서 지방성에서 대안적 가능성을 파악한 백지운, 40년의 계엄체제가 해소되면서 폭발한 탈중심적 경향이 숙명적 주변성을 극복하려는 향向중심의 표출이라는 이중성에 시달리는 타이완 문학의 위기를 날카롭게 분석한 송승석, 일본의 개항이 서구의 충격에 강제된 "서양에 대한 개항인 동시에 중국 상인들을 매개로 한 아시아에 대한 개항"이라는 양면성을 실증적으로 제시한 이시카와 료타石川亮太(그 동안

간과된 측면을 일깨운 점에서는 귀중하지만 양자 가운데 무엇이 주동인가를 따질 때에는 역시 전자가 축이라는 점을 또한 지나쳐서도 안 될 것이다), 2차 대전 직후 연합국이 일본전범들을 법정에 세운 동경재판에 대한 일본사회의 논의들 즉 50년대의 긍정론, 6, 70년대의 부정론, 그리고 그 후 대두한 이분법을 넘으려는 주장들의 추이를 통해 일본사회의 건전성의 지표를 짚는 서민교, 문학론과 역사론이라는 필터가 오늘날 동아시아 각 사회가 마주친 현안에 속깊이 연동된 중추임을 생생히 보여주는 장이다.

 동아시아 안팎의 네트워킹을 점검하는 꼭지들을 배치한 6장으로 우리의 짧지 않은 여정을 마무리한다. 1985년 이후 동남아 경제의 전개과정—일본이 주도한 "수동적 동아시아 통합기", 금융위기가 엄습한 "전이기간", 그리고 중국이 떠오른 "적극적 동아시아 통합기"—을 명쾌히 정리함으로써 옹근 의미의 동아시아 구상에서 동남아의 중요성을 강력하게 환기한 박번순, 1991년 경제자유화 이후 미국·중국·일본 등과 독자적 네트워킹을 통해 "관계의 다원화"를 추구하는 인도의 선택을 흥미롭게 분석함으로써 한국이 "동아시아의 균형자로 떠오른 인도의 중요성을 재발견"할 것을 촉구한 이옥순, 1980년대 이후 "탈유럽 아시아화"와 "탈아시아 미국 중심" 사이를 왕복하는 호주의 대외정책을 분석하여 황색공포에 시달리는 '아시아 속의 유럽'이 겪는 정체성의 혼란을 타산지석他山之石으로 제시한 황인원, 교류가 활발해지면서 오히려 반한감정이 치솟는 몽골의 속사정을 솔직히 전달함으로써 한국사회에 경종을 울리는 이평래, "남북한 어느 쪽과도 …… 우호적인 관계를 유지하고 있는 러시아야말로 한반도와 동아시아 평화정착을 위해 소중한 파트너"라는 점을 강조한 한정숙. 동아시아를 축으로 세계를 구상하고 다시 그 안을 재구축하는 과정에서 반듯이 짚어야 할 포인트들이 환해지는 느낌이다.

일찍이 '동양'의 부흥을 예감한 서남 이양구 회장의 20주기를 맞이하는 올해 출간되어 그 뜻을 더하는 이 책이 동아시아를 탐사하는 최신 안내도로서, 날카로운 기로에 선 21세기 한국의 진로를 모색하는 데 작은 참고가 된다면, 더없는 보람이다. 강호제현의 아낌없는 질정을 바란다.

2009년 3월 15일
栗木寓居에서
최원식 삼가 씀

차례

서문 | 오늘의 동아시아를 걷다
    005 최원식

1장 | 동아시아 문화의 탄생
    016 중국 속의 동아시아 문화 | 임우경
    024 문화민족주의를 넘어서는 동남아 한류 | 이한우
    032 동아시아 속의 한국 온라인게임 | 강재호
    040 '트랜스 아시아' 영화 | 김소영

2장 | 동아시아 협력의 실천과제
    048 동아시아 교과서 무엇을 담을 것인가? | 유용태
    054 동아시아 '공동대학 설립' | 백영서
    063 성공적 경제협력을 위한 요건 | 윤덕룡

3장 | 한국 속의 동아시아, 동아시아 속의 한국
    072 아시아계 유학생에게 기대하는 것 | 김명인
    078 결혼이주여성이 본 한국사회 | 김이선
    087 동아시아의 한국학을 위해 | 홍정선
    095 호주 속의 한국학 | 판카즈 모한

4장 | 동아시아의 디아스포라
- 102 디아스포라와 트랜스내셔널 | 임성모
- 111 초국가 시대의 코리안 디아스포라 | 권숙인
- 120 한국화교의 현주소 | 왕은미

5장 | 쟁점으로 본 동아시아 문학과 역사
- 128 중국문학 속에 출몰하는 과거사라는 유령 | 백지운
- 136 치유되지 않은 식민지 상흔 | 송승석
- 143 동아시아 개항과 중국 상인 | 이시카와 료타
- 152 일본의 위험한 역사인식의 용광로 | 서민교

6장 | 동아시아와 관계맺기
- 162 동남아 경제의 세계화와 동아시아 통합 | 박번순
- 170 떠오르는 인도와 동아시아 | 이옥순
- 178 아시아 속 유럽 | 황인원
- 185 시간이 바꿔놓은 한국인과 몽골인의 운명 | 이평래
- 193 러시아와 동아시아 | 한정숙

7장 | 대화
- 204 왜 동아시아인가? | 최원식·백영서 대담
- 212 동아시아를 다시 생각한다 | 강태웅·백지운·이병한 좌담

본문에 게재된 사진의 경우 출처 확인을 미처 못한 사진도 있어, 이 점 사전에 양해드리며
출처를 밝히지 못한 사진의 경우 추후 연락주시면 별도로 사례하겠습니다.

1. 동아시아 문화의 탄생

중국 속의 동아시아 문화 | 임우경
문화민족주의를 넘어서는 동남아 한류 | 이한우
동아시아 속의 한국 온라인게임 | 강재호
'트랜스 아시아' 영화 | 김소영

중국 속의 동아시아 문화

임우경
성공회대 동아시아연구소 HK연구교수

'티엔미미~ 니시아오더티엔미미~'

영화 "첨밀밀甛蜜蜜"에서 쨩만위張曼玉와 리밍黎明이 함께 자전거를 타고 가며 부르던 노래다. 노래는 희망으로 부푼 가난한 두 주인공의 천진난만한 표정과 함께 깊은 인상을 남겨주었다. 영화를 본 사람이라면 그 노래가 타이완 여가수 덩리쥔鄧麗君의 "첨밀밀"이라는 것을 모를 리 없다. 하지만 덩리쥔이 중국 대륙 대중문화의 아이돌 시대를 연 첫 번째 장본인이었다는 사실을 아는 사람은 그리 많지 않다.

1949년 신중국 성립 이후, 사회주의 중국의 모든 문화는 구사회의 암흑을 폭로하고 인민들의 영웅적 투쟁과 혁명의 승리를 찬양하며 새로운 사회주의 조국 건설에 복무하도록 요구되었다. 특히 문화대혁명 시기에는 모든 것이 계급투쟁의 관점에서 가늠되었고 사랑을 포함한 모든 개인적 감정은 계급투쟁을 위한 열정으로 수렴되어야만 했다. 심지어 연애편지도 '동지에게'로 시작해서 '혁명의 경례!'로 끝내야 하는 마당에 '남녀상열지사'를 노래하는 대중가요가 존재했을 리 만무하다.

그런데 혁명과 계급투쟁 서사의 다양한 통속적 변주들로 이루어졌던 사회주의적 대중문화는 1978년 개혁개방이 시작되고 시장경제가 추진되면서 일대 변화를 겪기 시작했다. 그 변화의 상징이 바로 덩리쮠이었던 것이다. 그녀의 간드러지는 노래 소리는 창법이 퇴폐적이라 비난받을 만큼, 구호 같은 혁명가요만 부르던 사람들에게는 신선한 충격이 되기에 충분했다. 덩리쮠의 노래는 억눌렸던 욕망이 해방되는 시대, '연애의 시대', 그리고 또다른 대중문화 시대의 도래를 상징했다.

뿐만 아니라 덩리쮠은 새로운 중국 대중문화의 형성과정에서 홍콩, 타이완, 일본, 한국 등 동아시아 대중문화가 담당한 역할 또한 상징적으로 보여준다는 점에서 의미 깊다. 특히 홍콩과 타이완의 대중문화는 시장경제로의 전환과정에서 중국 대중들의 문화적 수요를 많은 부분 충당해주었다. 1980년대 이래 수많은 영화, 드라마, 대중가요들이 앞다투어 대륙으로 진출했고 덩리쮠처럼 중국 대륙 대중들에게 깊은 인상을 남겨주었다. 그 결과 현재 홍콩 및 타이완과 중국 대륙 사이의 정치적 갈등은 여전히 존재하지만 대중문화 영역은 이미 '내외'를 구분하기 어려울 만큼 일치되어 가고 있다. 더구나 그 범위도 점점 동남아시아 화교문화권으로 확대되고 있다. 동아시아 화교세계는 앞으로도 중국 대중문화의 생산과 소비를 가장 강력하게 추동하는 하나의 역량으로 작용할 것이 틀림없다.

보다 재밌는 것은 중국 속의 일본과 한국의 대중문화다. 먼저 일본의 대중문화가 중국에 소개되기 시작한 것은 한국보다 20여 년이나 앞선 1978년이었다. 1978년 영화 "망향望鄉, Sandakan House No 8."이 상영된 후 '퇴폐논쟁'이 떠들썩하게 일었고, 또 같은 해 "추적追捕"이 상영된 후로는 남자주인공 다카

쿠라 겐高倉健이 '사내다운' 남성성의 전형으로 추앙되기 시작했다. 1982년 처음 방송된 드라마 "혈의血疑"는 최고의 인기를 구가하며 여주인공 야마구치 모모에山口百惠를 일약 대스타로 만들어 놓았다. 뿐만 아니라 극중 여주인공의 패션을 따라 싱즈幸子 머리, 싱즈 블라우스 등이 선풍적으로 인기를 끌었다. 방송용 애니메이션도 1983년 "숲 속의 왕森林大帝"이 방영된 것을 필두로 해마다 그 수량이 증가했다.

이처럼 일본의 대중문화는 적어도 1990년대 중후반까지 화교권을 빼면 유일한 동아시아 대중문화로서 중국 대중문화의 상당한 일부를 차지해 왔다. 2005년도 중국의 반일시위가 그처럼 열렬했던 것을 생각해 보면 그런 중국이 일본문화를 그처럼 일찍, 또 그렇게 쉽게 수용했다는 게 언뜻 납득하기 어려울 정도다. 하지만 사회주의적 국제주의 차원에서 보면 그것은 어렵지 않게 이해된다. 즉 일본 제국주의는 비난받아 마땅하지만 일본의 인민은 중국 인민과 마찬가지로 일본 제국주의의 피해자이기 때문에 서로 연대할 수 있다는 것이다. 1972년 중국이 일찌감치 일본과 국교를 수립할 수 있었던 것도 그러한 논리 덕분이다. 하지만 시장경제가 본격화되고 사회주의 이데올로기가 유명무실해지면서 사회주의 국제주의는 점점 더 민족주의에 자리를 내어주게 되었다.

그런가 하면 1990년대 이래 민족주의가 강화되면서 심화된 반일 감정은 반대로 일본 대중문화의 소비와 수용을 현저하게 감소시키는 중요한 요소가 되었다. 그럴 때 마침 그 자리를 채워 준 것이 바로 한국의 대중문화, 이른바 '한류'이다. 일본에 비해 한국에 대해서는 민족주의적 반감이 덜하다는 점에서 한국 대중문화는 비교적 안전하게 소비될 수 있었던 것이다.

'한류'는 대개 1996, 7년 남성그룹 HOT의 중국 진출과 드라마 "사랑이 뭐길래"의 방영에서 시작되었다고 본다. 2005년 드라마 "대장금"의 방영을 통해 '한류'는 절정에 이르며 질적 도약을 하게 된다. "대장금"은 '한류'의 소비자를 엘리트 영역까지 확대시켰으며 음식과 한복 등 한국문화와 일상소비생활에 이르기까지 대중의 관심을 확장시켰다. 방송계에서는 "대장금"이야말로 중국 드라마가 추구해야 할 가장 이상적인 모델이라 공공연히 말하고 있다.

절정은 곧 내리막길을 의미한다. "대장금" 이후 자국 문화산업을 보호하고 육성해야 한다는 중국 내 성찰의 목소리가 드높아지고 심지어 '반한류'의 조짐까지 보이고 있다. 하지만 중국 CCTV 국제전문채널이 '국제온라인國際在線'이라는 사이트의 '엔터테인먼트 오락娛樂' 속에 한 꼭지로 특별히 '한류'방을 개설한 것은 여전히 중국 내 한국 대중문화에 대한 관심과 수요가 많음을 보여준다. '한류'가 이처럼 중국 대중을 사로잡을 수 있었던 것은 우선 월등한 비주얼과 섬세하고 세련된 서사기술 때문이다. 하지만 더 중요한 것은 그 내용적 규범성에 있다. 사회주의적 집단 질서가 와해되고 모든 것이 개인과 가족이 책임져야 하는 사회로 재편되고 있는 중국에서 지순한 연애와 가족 중심의 한국드라마는 새로운 관계의 규범성을 발견하고 교육시키는 중요한 통로가 되고 있는 것이다.

냉전으로 가로막혔던 동아시아 각국은 이제 비로소 대중문화를 통해 서로 이해하고 교류를 넓혀갈 수 있는 광범한 토대를 마련한 셈이다. 하지만 그 미래가 얼마나 낙관적일지는 장담하기 어렵다. 대중문화의 흐름을 주도하는 핵심은 결국 자본이기 때문이다. 게다가 각국 정부가 문화를 국력으로 이해하고 문화산업을 적극적으로 지원하는 상황에서 대중문화는 더욱 자연스럽게 민족주의를 재생산하며 대중적으로 유포하는 중요한 기제가 되기 십상이다. 중국 정부가 '한류'를 한국정부의 문화지원정책이 일궈낸 성과로 보고 중국 문화산업진흥을 위한 국가차원의 대책을 마련하는 데 고심하고 있음은 자본과 국가, 민족주의가 결합되는 지점을 여실히 보여준다.

한편 흥미롭게도 정부가 한국드라마의 방영을 제한하건 말건 중국의 젊은이들은 인터넷을 통해 한국이나 일본의 대중문화를 거의 실시간으로 소비한다. 그런 점에서 인터넷은 대중문화 속의 동아시아 혹은 동아시아 대중문화의 판도를 확연하게 바꿀 수 있는 강력한 매체로 기대해 볼 수도 있다. 하지만 그와 동시에 인터넷은 각국의 민족주의를 양산하는 가장 강력한 매체이기도 하며 심지어 민족국가 간 상징적 전쟁의 장으로 기능하고 있는 것도 부인할 수 없는 사실이다. 대중문화를 통해 새로운 동아시아를 상상하는 일이 그리 낙관적이지만은 않은 이유가 여기에 있다.

▎'송승헌'과 아시아를 잇는 대중문화

얼마 전 중국 호남방송의 유명한 오락프로에서 우연히 "난 송승헌이 아니야我不是宋承憲"라는 노래를 듣고 적잖이 놀랐다. 가사는 대충 이렇다.

"넌 그윽한 눈길로 'saranghae' 말해주길 바라고/늘 우리 연애가 한국드라마 같지 않다고 투덜대지/맨발로 널 업고 종일 해변을 걸어주길 바라고/만나면 날마다 한국라면만 먹자고 졸라대지/난 송승헌이 아니야/생사를 초월하는 사랑의 맹세 같은 건 난 몰라/그냥 너에 대한 내 감정을 편하게 말하고 싶어……."

귀가 쫑긋해지지 않을 수 없다. 중국 노래 제목에 한국배우 이름이 떡하니 들어가는 것도 신기하거니와, 그런 노래가 나왔다는 사실 자체가 그만큼 한국드라마가 벌써 다른 지역에서 나름대로 '본토화'되었음을 여실히 보여주기 때문이다. 여기서 송승헌은 한국드라마의 대명사이자 어떤 정형화된 연애스타일의 대명사로 전제되고 있다. 그리고 그것은 이제 '아니야'라고 거부할 수 있을 만큼 컨텍스트로서 인정받고 재해석되는 지위에 오른 것이다.

더 재밌는 것은 이 노래를 발표한 남성듀엣 'Buddy'가 말레이시아 화교출신이라는 점이다. 생각해 보라. '말레이시아' 국적의 중국 '화교'가 '한국'드라마를 다룬 노래로 '타이완'에서 음반을 내고 '중국 대륙'에서 그 노래를 듣는다! '송승헌'이라는 이름 때문에 이 노래는 한국에서도 히트를 칠지 모른다. 이제 '송승헌'이라는 문화적 코드는 국경을 넘어 동아시아의 대중들을 하나로 엮어내며 동아시아에 새로운 대중적 정체성들을 만들어내고 있음이 분명하다. 이와부치 고이치岩渕功一, 사회학자, 와세다학 국제교양학술원 교수의 말대로 대중문화가 아시아를 하나로 잇고 있는 것이다. 그러나 그것이 진실로 아니 얼마나 자본과 국가주의의 한계를 넘어 상호공존의 문화공간을 만들어낼 수 있을지는 흥미진진하게 지켜볼 일이다.

관련서적소개

① 이와부치 고이치 지음, 『아시아를 잇는 대중문화』(또 하나의 문화, 2004).

　　일본 대중문화와 아시아의 만남을 분석한 책. 탈냉전 시대 아시아 지역에서 각광받기 시작한 일본 TV드라마 및 대중음악, 그리고 일본에서 소비되고 있는 아시아 지역 대중문화를 중심으로 전 지구화 시대 아시아 각 지역에 새로 형성된 다양한 근대성과 일본 대중문화의 새로운 만남에 대해 조명하고 있다.

② 백원담 지음, 『동아시아의 문화선택, 한류』(펜타그램, 2004).

　　한국 대중문화의 유행, 이른바 '한류'와 동아시아의 만남을 분석한 책. 저자는 '한류'의 실체나 지속가능성에 대해 철저하게 성찰적 입장을 취하면서도, '한류'가 한국사회와 동아시아에 일으킨 파장에 주목하고 그 속에서 동아시아의 소통을 위한 문화교류의 구체적인 고리를 발견하고자 한다.

③ 김현미 지음, 『글로벌 시대의 문화번역: 젠더, 인종, 계층의 경계를 넘어』(또 하나의 문화, 2005).

　　다양한 타문화의 한국 내 유입과 한국인들의 해외 이동 등 글로벌시대 급변하는 한국사회를 '문화번역' 개념으로 읽어낸 책. 저자는 외국인 거주지, 다국적 기업과 그 여성노동자, 이주여성 엔터테이너, 2002년 월드컵, 일본 대중문화와 한류의 아시아 소비 등을 분석하고 한국도 습관화된 자문화 중심주의에서 벗어나 이질적인 문화들과 '협상'하는 능력을 길러야 한다고 주장한다.

문화민족주의를 넘어서는 동남아 한류

이한우
서강대 동아연구소 교수

동남아에서 한류는 지금

 지난 2007년 1월 나는 베트남 하노이의 항바이 거리를 걷고 있었다. 상인들이 거리에서 "왕의 남자", "괴물", "라디오 스타" 등 최신 한국 영화 DVD를 늘어놓고 팔고 있다. 모두 중국으로부터 온 해적판인 듯하다. 그 옆 하이바쯩 거리에는 삼성, LG 간판을 단 한국 가전제품 가게가 즐비하다. 하노이 거리에는 유미 한국 이불집이 눈에 띄고, 배우 이영애를 간판에 그려 넣은 베트남 음식점도 보인다. "대장금"이 2004년 말쯤 방영되었는데 그 인기가 아직 가시지 않았다. 어느 한국음식점은 재빨리 대장금 간판을 내걸었다. 한복을 입고 결혼기념 촬영을 하는 베트남 커플들도 있다. 2007년 7월 초 호찌민시에서는 한국 - 베트남 수교 15주년 기념 친선음악회가 열렸고, 텔레비전은 HOT에 이은 강타의 팬클럽이 베트남에서 맹활약 중인 것을 비춰주었다.
 2007년 3월 어느 날 저녁 태국의 파타야 해변은 한국 노래로 가득 찼고, 태국어로 번역된 「대장금」 소설은 해리포터에 이어 베스트셀러 2위를 차지하였다. 나는 2006년에 말레이시아 빼낭 공항에서 시내로 나오기까지 한국산 자동차에 대해 칭찬을 아끼지 않는 운전기사의 수다스런 이야기를 들어야 했다. 쿠알라룸푸르 헤리티지 스테이션 호텔의 한 허름한 방에서는 중국어로 더빙하여 말레이어 자막을 단 한국 드라마를 보았다. 인도네시아 자카르타의 잘란 작사에 있는 PC방

'대장금' 간판을 내건 하노이 시내의 한국음식점

에서 네티즌들이 인터넷 포럼을 개설하여 한국 드라마에 대한 정보를 나누고 있다.

 2007년 초 미얀마의 3대 주요 채널에서 프라임시간대에 한국 드라마가 80% 이상을 차지하고 있었다고 한다. 내가 2003년 1월 미얀마 중부 만들래 Mandalay의 한 수공예 공장에서 만난 소녀는 방직틀 앞에 송혜교와 배용준의 사진을 꽂아 놓고 실크 스카프를 짜고 있었다. 요사이 비가 동남아 젊은이들의 가슴을 적시고 있는 것은 말할 필요도 없다. "가을동화", "겨울연가", "대장금", "풀하우스" 등 한국 드라마는 이제 동남아에서 한류의 명품이 되었다.

 이처럼 한류의 물결이 동남아 곳곳에 스며들지 않은 곳이 없을 정도다. 한류는 이제 동아시아에서 소통의 언어가 된 듯하다. 그 바람이 1990년대

중반부터 본격적으로 일기 시작했으니 10년을 넘어서고 있다. 동북아에 머물던 한류는 동남아로 번졌고, 아시아를 넘어 세계로 확산되고 있다. 동아시아 한류는 텔레비전 드라마, 음악, 게임 등 여러 방면에서 퍼져나갔지만, 뭐니 뭐니 해도 드라마로부터 본격화되었다. 그간 논자들은 한류의 주된 원인을 한국 드라마의 높은 완성도에서 찾았다. 한국 연속극은 스토리 전개에 속도감이 있고 변화무쌍하며, 다음 편이 어떻게 될지 궁금하게 만드는 마력이 있다. 한국 배우들은 아름다운 외모와 우수한 연기력을 뽐내고, 텔레비전 화면은 개발도상국 국민들에게 선망의 대상이 되는 선진 문물이 가득한 배경을 보여준다. 더욱이 베트남 같은 유교적 전통을 가진 국가에서는 한국 드라마 내용이 문화적으로 쉽게 공감할 수 있는 것들이나, 근래 인도네시아나 말레이시아와 같이 문화적으로 다른 동남아 이슬람권 국가들에서도 한국 드라마가 유행하는 걸 보면, 분명 한류에는 인간 보편의 정서에 부합하는 무엇이 있는가보다. 한류는 아시아 사람들의 정서적 유대를 강화하는 하나의 도구가 된 듯하다. 최근 들어 한류의 바람이 좀 잦아든 것 같긴 하지만 말이다.

한류의 이면

한류를 전하는 보도들을 보면, 동남아 각국의 거리가 온통 한국풍 일색일 것이라고 짐작케 한다. 가보지 않아도 눈에 선하듯이 말이다. 그러나 베트남 젊은이들은 한참 유행하던 "희나리"나 "포에버"보다 팝송을 더 흥얼거리고, 외국 연예인 소식을 전하는 인터넷 사이트에도 한국 연예계 난은 한 부분에 불과하다. 여러 한국제 상품이 시장을 석권하고 있다지만, 상류

한국영화 포스터와 한국 기업의 광고를 쉽게 찾아볼 수 있는 베트남 하노이 시내

층 사람들은 일본제 가전제품이나 도요타 자동차를 선택하고 랑콤, 피에르 가르댕 같은 세계적 브랜드를 고른다. 동남아 시장에서 일제는 이미 오래전부터 지배력을 장악하였다.

한편, 한국 관광객이 베트남에서 매매춘 혐의로 벌금을 물고 추방당하는가 하면 호찌민시 인근 한국계 기업에서는 파업이 잦다. 호찌민시의 조사에 따르면 1995년부터 2006년 11월까지 호찌민시 인근 지역에서 일어난 파업 538건 가운데 외국인 투자기업에서 발생한 것은 245건이었다. 그 가운데 한국계 기업에서 일어난 파업이 120건으로 절반에 달하며, 타이완계 기업에서의 파업은 87건으로 그 뒤를 따른다. 한국계 기업에서의 파업은 베트남 전체로는 2위지만, 호찌민시 인근에서는 1위인 셈이다.

베트남 신부들은 주로 농촌에서 가난에서 벗어나기 위해 한국으로 오고 있는데, 텔레비전을 통해 보는 한국의 모습에 대한 동경도 그들의 한국행을 부추기는 한 요인이다. 하지만 보기와는 달리 한국 생활이 쉽지 않아 일부는 억압적 생활을 견디다 못해 탈출을 시도하는 사람도 있다. 한국 드라마를 본 인도네시아 네티즌들은 한국에서는 여성을 때리는 게 일상적인 일이라고 알고 있다고 한다. 화면에서 그리는 아름답고 발전된 한국 이미지 뒤에 폭력과 비인간적 면모가 도사리고 있는 것이다. 한국에 대한 이미지가 왜 이리 상반되는지 동남아 사람들은 혼란스럽기만 하다.

한국 속에 녹아든 동남아 문화

이렇게 한류가 '일방적으로' 동남아를 엄습하였는데, 최근 한국에 '동남아류'가 생긴 것은 바람직한 일이다. 요새 베트남 퍼(쌀국수), 태국 똠양꿍(새우탕)을 비롯한 동남아 음식을 찾는 한국인들이 많아졌다. 내 주위 몇 사람은 내가 베트남을 다녀올 때마다 가져다주는 커피로 이제 베트남 커피 애호가가 돼버렸다. 나 역시 또라자 커피향에 반해 인도네시아로 출장 가는 친구들을 괴롭힌다. 베트남산 한치나 골뱅이가 한국시장을 장악한 지 오래다. 얼마 전 베트남 신부를 소재로 한 드라마 시청률이 30%에 육박하기도 하였다. 이처럼 동남아 것이 우리 곁에 깊숙이 자리 잡은 것은 최근의 일만이 아니다. 『삼국사기』 저자는 신라 때 동남아의 진귀한 물건이 귀족들의 사치품으로 쓰였던 정황을 기록하였다. 캄보디아 같은 동남아에서 나는 비취모翡翠毛는 비취새의 털인데 귀족 부인들의 의복을 치장하는 데 쓰였고, 보르네오, 필리핀, 자바 등지에서 잡히는 거북의 등껍질인 대모玳瑁는 집이나 상을 장식하는 데 쓰였다고 한다. 또 거북의 등껍질로 만든 빗이 유행했던 것으로 보인다. 이 밖에도 수마트라산 자단紫檀, 침향沈香은 가구나 가마를 만드는 데 쓰였다고 한다. 이것들이 당나라를 통해 왔으리라 짐작하지만 한국과 동남아 간 교류의 역사는 오래 전으로 거슬러 올라가는 셈이다.

기세등등한 한류를 벗어나, 상호 소통을 위하여

한국 언론의 과장 보도만큼은 아니나 동남아에 한류는 분명히 존재한다. 한류가 허상이라느니, 한국 대중문화가 문화적으로 우수한 게 아니라 자본주의적 물적 욕망을 잘 포장한 것에 불과하다느니 하며 비하하지 말고, 있는 그대로를 인정해야 한다. 하지만, 한국 대중문화가 동아시아에서 지배력을 가졌다고 뽐내며 자만하지 말고, 또 한류 확산을 한국상품 판매 기회라는 장삿속으로만 보지 말고, 어떻게 상대 문화를 좀 더 이해할 수 있을까를 고민해봐야 한다. 그게 한류가 살아남는 길이다.

몇 해 전 일이다. 한국의 한 방송사가 베트남 국영방송과 공동으로 하노이 비엣소 문화궁에서 한국 - 베트남 독립 60주년 기념 평화음악회를 가졌다. 기획도 좋았고 출연진의 정열적인 노래도 좋았다. 특히 클론의 멤버인 강원래가 휠체어 댄스와 함께 "꿍따리샤바라"를 부른 것은 청중들에게 큰 감명을 주었다. 마야, 쥬얼리, 김건모, 인순이, 임태경으로 이어지는 가창력 높은 가수들은 한국의 '문화적 힘'을 보여주었다. 한국 가수들의 기세가 베트남 가수들을 누르는 형세였다. 하지만 한국의 압도적 우위에 베트남인들이 얼마나 한국인들에게 우정을 느꼈는지는 모르겠다. 그러다 임태경이 베트남 노래 "하노이를 그리워하며"를 부르자 소녀들은 환호성을 쳤고 중년신사들은 지긋한 미소로 화답하였다. 이제 두 나라의 친선음악회에서 한국인 사회자들은 "신짜오(안녕하세요)"라고 베트남어 인사말을 건넨다. 얼마 전 베트남 신부를 소재로 한 드라마에서는 베트남인을 꼭 빼닮은 한국인 배우가 베트남어 대사를 너끈히 소화해냈다. 한국인들이 동남아 사람들을 대하는 태도가 부쩍 성숙해졌음을 보여주는 장면들이다.

한류가 동아시아 소통의 언어가 되었다 하여 동아시아 통합의 기반이 될 수 있을 것이라는 것은 아니다. 자칫 문화제국주의라고 의심 받을 수 있다. 이게 가능하려면 순수한 한국 문화를 간직한 한류가 아니라 아시아 각국의 문화가 비빔밥처럼 섞인 '아시아류'여야만 하며 나아가 모든 사람들이 공감할 수 있는 보편적 정서를 지닌 '세계류'여야 한다. 한류의 확산도 한국 대중문화가 이미 다른 문화와 섞인 것이었기에 가능한 일이었다. 한국에서 열린 '동아시아 주간'이나 '아시아 송 페스티벌' 같은 행사는 바람직한 상호교류의 장일 것이다. 이런 문화적 여유를 즐기지 못하는 계층을 위해 상호이해의 기회를 더 만들어야겠지만 말이다. 많은 섬과 종족들로 구성된 인도네시아에서 국가통합의 구호가 '다양성 속의 통일'이듯이, 지금은 아시아의 다양한 문화와 사람들을 존중하며 상호 소통의 정도를 높이려 힘쓸 때다.

관련 서적 소개

① 유상철 외 지음, 『한류 DNA의 비밀』(생각의나무, 2005).

한류의 현장 점검을 통해 신문기자 다섯 명이 함께 탐구한 결과물이다. 그들은 먼저 동아시아 각국에 퍼져 있는 한류의 현장을 묘사하면서, 한국인들의 속성, 한국의 문화계 상황 등을 들어 한류가 생성된 원인과 과정을 밝혔다. 더불어 한류를 통해 한국이 소프트 파워를 한층 더 가지게 되었음을 역설하였다. 이 책은 한국 자랑에 지나친 감이 있지만 한류의 긍정적 측면을 잘 서술하였다.

② 박재복 지음, 『한류, 글로벌 시대의 문화경쟁력』(삼성경제연구소, 2005).

저자는 방송사에서 직접 한류와 관련된 일을 담당하고 있어 문화산업적 측면에서 한류의 현상을 설명하였다. 그는 한국 방송콘텐츠가 동아시아 각국에 얼마나 퍼져 있는지를 수치를 들어 설명하여 한류 문화상품의 실제적 영향력을 구체적으로 알 수 있게 해준다. 이 책은 한류현상을 '문화'보다는 '상품'의 측면에 치중하여 서술하였기에, 책 제목을 "문화경쟁력"이라고 하기보다 "문화산업경쟁력"이라고 했어야 더 적절했을 것 같다.

③ 히라타 유키에 지음, 『한국을 소비하는 일본: 한류, 여성, 드라마』(책세상, 2005).

한국에 유학 온 일본 연구자의 저서다. 그는 일본에서 왜 특히 여성들이 "겨울연가"를 비롯한 한국 드라마를 즐겨보는가에 우선 주목하며, 더불어 한국 가수들의 일본 내 활동에 대하여도 관심을 두었다. 저자는 사회학자답게 일본에서 한류현상의 사회적 의미를 분석해내려고 하였다. 그것은 세계화의 자연스런 현상이기도 하고, 일본과 한국의 국가권력의 의도적 작용의 결과이기도 하며, 한국문화의 일본문화 모방으로 생긴 혼종 한국문화에 대한 일본인들의 친밀성의 결과이기도 하다고 설명한다.

④ 신윤환·이한우 편, 『동아시아의 한류』(전예원, 2006).

10여 년 간 동아시아를 전문으로 연구한 지역전문가들이 각자가 전공하는 국가들을 사례로 한류의 현상, 원인, 과정과 사회적 효과 등을 서술한 것이다. 주로 신문, 방송 등의 자료를 토대로, 부분적으로는 현지 사람들과의 인터뷰를 통하여 현지 상황을 전하려 하였기에, 실제 한류현상이 동아시아 각국에서 어느 정도인지를 가늠하게 해준다. 첫 장에 한류에 대한 담론을 분석하는 논문을 붙여 한류에 대한 여러 인식을 대비적으로 설명하였다.

동아시아 속의 한국 온라인게임

강재호
(주)GameOn 포털사업부장

지난 7월 중국 상하이 신국제박람센터에서 열린 게임쇼 '차이나조이'의 모습

 한국이 종주국임을 전 세계에 자처할 수 있는 산업이 몇이나 될까. 적어도 온라인게임은 세계에서 한국의 독보적 위치를 인정받는 얼마 안 되는 분야 가운데 하나일 것이다. 10년을 조금 넘는 기간 동안 한국 온라인게임은

급속한 발전을 이루었으며 해외시장 특히 동아시아에서 엄청난 인기를 누려 왔다. 이를 또 하나의 한류 혹은 게임 한류라고 부르는 상황에 이르렀다.

2005년 11월 베트남 하노이 시내를 다니다보니 문도, 창문도 없이 활짝 열린 건물 1층에 플라스틱 책상과 의자가 빼곡히 놓여 있는 것을 볼 수 있었다. 그 속에서 수많은 젊은 남녀가 컴퓨터를 뚫어지게 보며 게임에 열중하고 있었다. 베트남판 PC방인데 가게 간판에는 '인터넷카페'라는 표기 대신 'MU'라는 한국 온라인게임 로고가 걸려 있다. 인터넷보다는 한국 온라인게임을 하기 위해서 만들어진 PC방인 셈이다.

리니지, 라그나로크 등 한국의 대표적 게임은 타이완, 일본 등에서 폭발적인 인기를 얻었으며 중국 온라인게임 랭킹 상위 대부분을 한국산 게임이 차지할 만큼 주류가 되었다. 한국게임산업진흥원이 발간한 '2007년 게임백서'에 의하면 지난해 한국의 온라인게임은 5억 9999만 달러의 수출 실적을 기록했으며 매년 20% 이상의 성장률을 보이고 있다.

중국, 일본, 타이완에서 성공한 한국 온라인게임은 이제 베트남, 태국, 말레이시아, 필리핀 등의 동남아시아로 진출하고 있고 여기에 미국과 유럽에서도 새로운 시장을 개척 중이다. 게임의 장르 또한 기존 리니지류의 MMORPG에서 카트라이더, 온라인 골프게임 팡야, 최근에는 댄스게임 오디션과 같은 캐주얼 게임도 각각 성공을 거두고 있다.

브로드밴드의 보급이 불러온 온라인게임의 성공

한국 온라인게임은 어떻게 이러한 성공을 거둘 수 있었을까. 원래 게임 산업의 강국은 일본과 미국이다. 가정용 게임기(비디오게임기)의 오랜 역사를 지닌 일본과 최대의 시장이면서 소프트 개발에 열중한 미국은 오랫동안 게임 시장을 리드해 왔다. 그러나 두 나라보다 한국이 먼저 경험한 것이 1990년대 후반 급속한 브로드밴드의 보급이었다.

접속한 시간만큼 전화요금을 내는 다이얼업 방식이 아니라 정액요금을 지불하는 ADSL의 보급은 인터넷을 기반으로 하는 컴퓨터 '놀이'를 필요로 했다. 이를 충족시켜준 것이 바로 온라인게임이었던 것이다.

96년 '바람의 나라', 98년 '리니지'는 폭발적인 반응을 얻게 되었고, 가정용 게임기가 많이 보급되지 않은 한국에서 '게임=온라인게임'이라는 등식이 성립하게 되었다. 친구들이 어울려 함께 게임을 하는 PC방이라는 새로운 공간의 보급 또한 온라인게임 확산에 커다란 기여를 한 것이 사실이다. 어울림의 문화, 집단 문화는 온라인게임이라는 매체를 통하여 새롭게 발현되었다. '게임은 혼자 하는 것'이라는 인식이 강했던 일본에서도 강한 커뮤니티를 유도하는 한국의 온라인게임들이 성공하면서 게임에 대한 인식을 바꾸어 놓게 되었다.

한국 온라인게임의 위기

한국 온라인게임에 장밋빛 미래만이 보이는 것은 아니다. 한국이 시장을 지배했던 2000년대 초반과는 상황이 많이 변하였다. 일본과 중국은 온라인게임 제작능력을 갖추고 한국 온라인게임에 도전하고 있다. 중국에서는 인기 상위의 온라인게임은 거의 중국산으로 대체되었으며, 일본에서도 'Final Fantasy'나 'Monster Hunter' 등 가정용 게임기로 유명한 게임들이 온라인게임으로 변신, 큰 인기를 얻고 있다.

이렇게 일본과 중국이 한국 온라인게임을 따라잡게 된 것은 역설적으로 한국의 기여가 크다. 중국에서 크게 히트를 친 '미르의 전설'을 개발한 액토즈소프트를 2004년 12월 중국 현지 퍼블리셔인 샨다가 9170만 달러에 매수한 것을 비롯해 2005년 9월에는 '라그나로크' 개발사 그라비티를 일본 소프트뱅크가 4000억 원에 매수하여 큰 파문을 일으켰다. 큰 자본을 투자하여 온라인게임 개발 및 서비스의 지적자산을 가지게 된 이들 퍼블리셔는 한국과의 기술 격차를 단숨에 메웠다. 또한 한국 온라인게임 정체기인 최근 2~3년간 많은 개발자가 중국과 일본기업에 스카우트되어 기술 전파를 한 것도 온라인 개발능력 발달을 앞당기게 된 원인이다.

이는 자본주의 시장에서는 필연적인 흐름으로, 기술 유출을 우려하는 국수주의로는 막을 수 없는 흐름이다. 또한 한국 온라인게임의 기술이 대용량 서버 운영 기술 등 몇 가지에 한정된 것이기에 그 확산이 더욱 쉬웠던 것이다.

'대항해시대', '이스온라인' 등 일본산 타이틀이 국내에 속속 서비스 되고 있으며, 중국이 제작한 '완미세계完美世界'라는 게임은 중국에서의 성공과 일본에서의 의미있는 실적을 거둔 이후 온라인게임 종주국인 한국에서 서비스를 시작하기에 이르렀다.

게임 제작에 있어서는 새로운 형태의 국제협업이 시작되고 있다. 일본 반다이는 'SD건담 캡슐파이터'를 한국의 소프트맥스에 의뢰해 제작했다. '케로로 온라인'은 또한 일본 만화영화 '개구리 중사 케로로'의 판권을 사서 한국에서 만들어진 온라인게임이다. 이렇게 일본의 애니메이션의 판권을 이용하여, 한국이 온라인게임을 개발하는 것이 유행하고 있다. 이러한 분업을 통하여 판권소유자와 개발사 중 과연 어느 쪽이 실익을 얻는가는 개별 계약구조에 따라 다르지만, 독자적인 컨텐츠로 개발되지 않은 게임에는 태생부터 한계가 있는 것 또한 사실이다.

　게임 개발의 거점에 있어서도 일본의 코에이는 더욱 실험적인 시도를 하고 있다. 2004년 8월 싱가포르에 개발센터를 만들고, 일본인 기획자와 중국인 개발자 등 100여 명의 스태프로 삼국지 온라인 등을 싱가포르에서 개발하고 있다. 싼 인건비를 바탕으로 중국이 온라인게임의 새로운 개발센터로 부상하고 있는 것도 사실이다. 한국의 게임개발회사들도 기술적인 난이도는 낮으나 많은 인력을 필요로 하는 그래픽 작업과 일부 개발 작업을 인건비가 낮은 국가로 분리하려는 시도들을 하고 있다.

　국내시장은 정체하고, 해외시장은 중국과 일본의 위협을 받고 있다. 이러한 상황을 가리켜 중국과 일본·미국의 샌드위치 상황이라고 부르는 사람도 있다.

　온라인게임을 둘러싼 또 하나의 위협은 플랫폼의 변화다. 플레이스테이션3, 닌텐도Wii, 마이크로소프트 Xbox360 등 가정용 게임기는 발전된 온라인 기능을 갖추고 기존의 고립된 사용자들을 접속시켜 PC 기반의 온라인게임을 위협하고 있다. 미국과 일본, 유럽 등의 가정용 게임기 시장은 온라인게임의 10배가 넘는다. 아직은 조작 인터페이스의 불편함, 온라인 접속에 따른 추가비용 발생으로 꺼리는 사용자도 있지만 머지않은 장래에 폭발적인 증가가 예상된다. 2008년 발매된 주요 타이틀들이 온라인 플레이를 전제로 출시되고 있다는 것이 그 변화의 기폭제가 되었다.

▍한국 온라인게임의 생존을 위한 향후 대비책

한국이 게임을 둘러싼 이러한 환경의 변화 속에서 주도권을 잃지 않을 수 있는 방법은 무엇일까.

첫째, 온라인게임의 핵심 역량 확보다. 한류 드라마의 핵심이 프로듀서와 배우인 것처럼 게임에서도 중요한 것은 핵심개발자와 캐릭터다. 리니지의 송재경, 라그나로크의 김학규와 같은 좋은 게임을 개발할 수 있는 핵심개발자를 계속 키우고 늘려나가야 한다. 이를 위해서는 국내 교육 확대, 외국과의 교류 등을 지속적으로 추진해야 할 것이다. 다음은 독자 캐릭터의 개발이다. 포켓몬은 그 캐릭터 하나로 수조 원의 비즈니스를 창출한다. 한국의 독자 캐릭터인 꿍야, 뿌까 등의 새로운 시도는 주목할 만하다.

둘째, 다양한 게임플랫폼에 대한 대응이다. PC 중심으로 쌓아온 한국의 게임 기술이 하루아침에 가정용 게임기로 변환되기는 힘들 것이다. 하지만 PC는 개인적인 공간을 대표하고, 가정용 게임기는 '가족'이라는 공간을 대표하는 플랫폼이다. 미국의 고등학생 게임 사용자들을 대상으로 한 인터뷰에서 온라인게임을 하는 데 있어 가장 큰 걸림돌은 자기 방에 놓인 PC에서 하는 게임에 대한 부모님들의 경계심이라고 대답했다. 부모들은 자신들이 참여하거나 적어도 관찰할 수 있는 공간인 거실에서 자녀들이 게임을 하는 것을 선호한다. PC의 발전은 지속되겠지만 결국 개인의 공간이라는 한계를 가지고 있다. 더욱 넓은 계층이 함께할 수 있는 가정용 게임기의 온라인게임 시장이 PC 기반의 시장의 규모에 비하여 상당기간 동안 우위를 유지할 것으로 보인다. PC와 가정용 게임기에서 각각 구동이 되는 멀티플랫폼과 서로 대전이 가능한 크로스플랫폼이 가까운 미래에 주목받게 될 것이다.

셋째, 합병을 통한 대형화다. 한국의 대표적인 게임사인 엔씨소프트, 넥슨, 네오위즈, 웹젠 등은 분명 규모를 가지고 있지만 세계적인 퍼블리셔인 EA, Activision, 닌텐도 등과 비교할 때에는 열세를 면치 못한다. EA 등은 지속적인 매수합병전략으로 성장해 왔다. 샌프란시스코에 있는 중소형 게임개발사의 CEO는 사업의 목표가 히트게임을 개발해서 대형퍼블리셔에 매수되는 것이라고 당당히 대답한다. 10년 동안 꾸준히 게임을 개발하여 성장할 수도 있지만 급격한 시장의 변화는 천천히 기다려주지 않는다. 외국의 게임개발자와 개발스튜디오를 매수하는 정도가 아니라, 기업 간의 합병을 통한 대형화 그리고 과감한 투자가 다가오는 한국 게임 산업의 위기를 극복하는 방안이 될 것이다.

지난 10년간 한국 온라인게임 업계는 꿈 같은 시간을 보내왔다. 한국을 넘어 동아시아 그리고 세계로 진출했으며 빠른 성장에 대한 찬사, 환호를 받았다. 우리는 동아시아에 온라인게임이라는 문화를 전파한 것이고, 이는 각 문화 간 상호작용을 거쳐 우리에게 경쟁자로서, 동업자로서 다시 돌아오고 있다. 이제 한국 게임의 향후 10년이 더욱 긍정적인 미래가 되기 위해서는 혁신적인 변화가 필요한 시기이다.

📖 관련 서적 소개

① 위정현, 『온라인게임비즈니스전략』(제우미디어, 2006).

한국의 온라인게임산업 형성과정과, 한국 게임의 중국, 일본, 미국 시장으로의 진출과정에 대한 자세한 설명이 되어 있다. 게임을 '사업 – 비즈니스'로 생각하는 분들에게 추천하고 싶은 책이다.

② 『게임백서 2007: 대한민국』(한국게임산업진흥원, 2007).

게임산업에 대해서 정부 차원에서 이렇게 대대적으로 백서를 발행하는 나라는 우리나라를 제외하고는 없다. 방대한 양의 정보를 담고 있으며, 게임시장 규모 등 몇 가지 통계적인 기준 설정에 따라 오해의 여지는 있으나, 우리나라의 게임산업에 대한 전반적인 이해를 하는데 기본적인 서적이다.

'트랜스 아시아' 영화

김소영
한국예술종합학교 영상원 교수

'올빼미' 패키지로 타이베이와 방콕 그리고 상하이와 도쿄 등지를 저렴하고 빠르게 다녀오는 젊은이들이 많다. 아시아의 국제도시의 밤이 청춘 올빼미들의 눈으로 밝혀지고 있는 것이다.

내가 알고 있는 한 영민한 대학원생은 2000년대 들어 보게 된 일본 영화들이 자신의 삶에 미친 영향을 분석하려고 한다. 그리고 그 영화에 관한 이야기를 나눈 친구들과 인터뷰를 해 논문을 쓰려 한다. 일명 '동아시아의 청춘들이여, 단결하라!' 프로젝트다. 일본 영화 외

최근 동아시아 국가에서 일고 있는 합작, 상호 공동작업을 통한 영화 제작 움직임은 할리우드가 만들어낸 영화지형도를 수정할 것이라는 기대감을 높여주고 있다. 사진은 위로부터 "무극", "박치기", "묵공"

에도 타이완의 후 샤오셴과, 차이밍량 그리고 중국의 자장커, 태국의 아피차퐁 위라세타쿨 감독이 만드는 영화들은 한국 영화광들의 지극한 사랑을 받고 있다. 난 이렇게 한국의 청춘들이 아시아로의 여행이나 대중문화에 슬며시 어깨를 기대고 글로벌한 신자유주의를 헤쳐나가고 있다고 생각한다. 그리고 이것이 세계화 시대, 지역 문화정치의 일상적 실천에 가깝다고 느낀다.

동시에 근심이 있다. 한·미 자유무역협정FTA 같은 양자 간 교역 협정이 동아시아나 아시아와 같은 지역 단위에서 일고 있는 문화적 교류, 예컨대 범아시아 영화 합작이나 아시아 상호간(인터아시아)을 잇는 공동 작업에 어떤 영향을 미칠 것인가? 아시아 대중문화가 부상하면서 할리우드 문화 지배를 넘어 아시아의 대중문화 즉 한류, 일본의 아니메(애니메이션) 그리고 인도 영화 등이 미국의 패권 지도를 수정할 것이라는 기대가 높았다. 그 기대는 아직 저 아시아 대륙의 지평선 위에 타오르고 있다. 아시아를 아우르는 문화 생산과 수용이 이어지길 욕망하는 것이다.

아, 그러고 보니 벌써 지난해의 일이다. 오래 예고되어 왔던 범pan아시아 영화 프로젝트들이 극장을 찾아온 것이다. 특히 2006년에는 홍콩, 중국, 싱가포르 그리고 한국의 미디어들이 이 범아시아 프로젝트에 대한 지대한 관심을 보였다. 싱가포르의 대표적 신문 「스트레이츠타임스Straits Times」는 장동건과 지진희 그리고 김소연의 얼굴이 보이는 "무극", "퍼햅스 러브" 그리고 "칠검"의 사진을 실었다. 역시 범아시아 계열인 "신화"의 장면도 실렸으나 인도 발리우드의 상징인 말라카 쉐라와트의 모습만 보이고 김희선은 이름이 언급되었다. 기사의 제목은 '판-아시아 놀이터'로 아시아 프로듀서들이 대작을 만들기 위해 범아시아적 자본과 인력을 모으고 있다는 부제가 붙어 있다. 내용인 즉 범아시아 영화의 시대가 왔으며, 12월14일 장동건이 "무극" 홍보를 위해 싱가포르를 방문한다는 것이다.

"무극"의 감독은 중국인 첸 카이거이고 배우는 한국의 장동건과 일본의 사나다 히로유키, 홍콩의 장백지였다. 그래서 범아시아적 진용과 CG를 이용한 스펙터클이 홍보의 중심이었다. 이러한 스펙터클의 위용 때문인지 중국에서 흥행에 성공했지만 한국에서는 큰 관심을 받지 못했다. "무극"은 아시아를 아우르는 범아시아 영화라기보다는 오히려 무국적 영화라고 보는 편이 낫다. 장동건은 난데없는 '설국' 출신의 노예로 등장한다. "무극"은 아시아 각국 관객들의 환심을 사기 위해 한국·중국·홍콩·일본의 배우들이 부지불식간에 의미화할 수 있는 역사적 갈등 관계를 지우려는 헛된 노력을 기울인 것이다.

뮤지컬로 관심을 모았던 "퍼햅스 러브"는 "첨밀밀"의 홍콩 감독 진가신이 연출했고 타이완 출신이나 아버지가 일본계인 배우 금성무(가네시로 다케시)와 홍콩 배우 장학우, 중국의 여배우 조신, 그리고 대장금의 스타 지진희가 출연했다. 지진희는 몬티라는 이름의 이야기꾼이며 천사 역으로 등장한다. 다른 말로 하자면 국적 불명이다. "퍼햅스 러브"도 소문만큼 큰 관심을 받지 못한 채 지나갔다. 안성기 출연의 "묵공"이나 김희선 출연의 "신화"도 마찬가지다. 이 중 동아시아를 아우르는 사상을 가진 영화는 일본 만화를 원작으로 한 "묵공"이다. 비평적으로는 성공했으나 범아시아적 파장을 일으키는 데까지는 못 미쳤다.

범아시아 영화 프로젝트가 아시아 각국의 역사적 차이와 당대적 현안에 주목하는 대신 "무극"처럼 어떤 민족, 국가 차이의 기호를 없애려고 할 때 범아시아 합작은 아시아를 아우르는 대신 범박한 내용으로 전락한다. 이런 범아시아 프로젝트들은 이웃들에 대한 일종의 편집증, 근거 없는 불안에 휩싸여 각국의 역사적 특이성과 정체성을 지워버리고 마는 것이다. 일본, 홍콩, 한국의 대중문화가 아시아의 젊은 세대에 많은 영향을 끼치게 되면서 공동 프로젝트들이 이들을 겨냥해 만들어지지만 아시아의 유형·무형의 유산이나 현재를 다루기보다는 어떤 추정된 '범아시아'적 역사의 망각에 기댄 작품들을 생산하고자 한 것이다. "무극"이 특히 심한 경우지만 어떤 영화가 아시아의 관객들을 아우르려고 하면 할수록 각국 간의 역사적·지정학적 갈등은 자취를 감춘다. "퍼햅스 러브" 역시 뭔가 구체적인 사회 문제로 다가가는가 싶으면 얼른 뮤지컬의 판타지로 도망가 버린다. 뮤지컬 장르로서는 매우 매력적이고 즐길 만하지만, 범아시아 프로젝트로 보자면 지역 관객들을 의식한 스타 캐스팅의 차별화를 제외하고는 변화하는 홍콩, 중국에 대해서 또 중국과 나머지 아시아의 관계에 대해서 새삼 생각할거리를 주는 영화는 아니다.

    이렇게 범아시아 영화 합작이 일어나는 장에서 일별할 수 있는 것은 아시아 문화 산업의 재편이다. 위 범아시아 영화들은 소위 할리우드의 블록버스터와 유사한 아시아 지역 블록버스터들이다. 아시아의 스타들을 기용하지만 사실 영화 제작 자본 자체는 글로벌하고 다국적이다. 금융 자본이 적극적으로 투입된 3H, 즉 고비용, 고도의 기술, 고도 투기의 장이기도 하다.

    이러한 금융자본의 놀이터에 가까운 범아시아 블록버스터보다 더 주목할 만한 흐름은 사실 "박치기"나 "망종"과 같은 각각 일본과 중국에서 재일

조선인, 조선족을 다루는 영화들이다. "박치기"는 "겨울 연가"를 비롯한 한류 붐이 일본에서 불고 있을 무렵인 2005년, 한국어 제목 "박치기" 그대로 일본에서 개봉해 흥행에 성공했다. 이 영화는 재일한국인 이봉우가 대표로 있는 시네콰논에서 만든 것이다. 1960년대 교토를 배경으로 60년대 마오쩌둥 사상과 베트남 전쟁 반대를 통해 좌파 사상에 끌리던 한 일본인 고등학생이 조선인 여학생 경자에게 애정을 느끼면서 재일 조선인의 문제를 알아가는 이야기다.

"망종"은 조선족 여성의 이야기로 조선족 감독 장률은 많지 않은 예산으로 가장 정치적이며 시적이고 도발적인 영화를 탄생시켰다. 남편이 감옥에 갇히자 아이와 함께 중국 변방에서 김치 장사를 하면서 살아가는 조선족 여자가 주인공이다.

범아시아 프로젝트와 분리하여, 나는 이러한 영화들을 아시아 내 소수성의 문제를 직면하고 대화를 열어가려는 영화, 즉 지식의 전화transformative를 시도하는 영화라는 뜻에서 트랜스아시아 영화, 인터inter아시아 영화라고 명명하고 싶다. 말은 범아시아지만 사실은 이웃 나라에 대한 편집증적 불안, 앎의 불안에 사로잡힌 범아시아 영화들과 구분해서 말이다. 아시아 영화가 만들어내는 이러한 사이의 공간이 존재하는 한 아시아인들 간의 대화는 지속될 수 있을 것이다.

관련 서적 소개

① 김소영 편, 『트랜스: 아시아 영상문화』(현실문화연구, 2006).

    동아시아 대중 문화에 대한 개념화, 아시아라는 지역화와 세계화를 매개하는 대중 문화 생산 및 중국, 일본, 한국의 '내셔널' 시네마에 대한 연구를 포괄하고 있는 선집이다. 고이치 이와부치의 「트랜스아시아 미디어 연구」, 요시미 슌야의 「전후 일본과 냉전 중 아시아에서의 미국화」, 얼 잭슨 주니어의 「일본 영화의 차이와 정체성」, 박병원의 「중국 영화사의 영화 시원 서술」 등이 실려 있다.

② 첸꽝싱 지음, 『추아 벵 후아, 인터아시아 문화연구 리더』(Routledge, 2007).

    인터아시아 문화연구는 저널을 기반으로 아시아의 문화 및 지식 생산에 기여하고자 하는 그룹이다. 아시아 지식인들과 문화 운동가들 사이의 학술회의와 저널 등을 통한 네트워크 구축을 통해 아시아 로컬의 지식 생산, 서구 중심의 인식론 및 지구화에 대항하고자 한다. 2007년에 발행된 인터아시아 문화연구리더는 기존 저널에 실렸던 중요한 논문들을 실었고 인도 학자 테주 니란자야와 책임편집자이기도 한 첸꽝싱의 기존의 서구에 의한 지식 및 인식 참조 체계를 바꾸자는 논문들, 그리고 인도네시아, 중국의 중요한 사회 운동들에 대한 고찰을 담고 있다.

③ 한국 중국 현대문학학회 편, 『중국 영화의 이해』(동녘, 2008).

    중국 영화라는 개념을 중국만이 아니라 타이완, 홍콩 영화를 아우르면서 동시에 타이완, 홍콩 영화라는 단위가 중국 영화의 경계를 재 고찰하게 만드는 방식을 지적하는 임대근의 논문을 서두로 중국, 홍콩, 타이완 영화사와 작가들을 살피는 개론서다.

2. 동아시아 협력의 실천과제

동아시아 교과서 무엇을 담을 것인가? | 유용태
동아시아 공동대학 설립 | 백영서
성공적 경제협력을 위한 요건 | 윤덕룡

동아시아 교과서 무엇을 담을 것인가?

유용태
서울대 역사교육과 교수

자국사와 세계사의 한계를 넘어서는 지역사로서의 동아시아 교과서는 동아시아 차원에서 상호 유기적으로 연관된 역사를 부각시킬 필요가 있다. 사진은 지난해 8월 서울에서 열린 한·일역사교육자교류회의 한·일공동수업 심포지엄 모습

"무릇 이웃나라끼리는 사이가 나쁜 법이다. 따라서 한일 두 나라 간에 역사인식을 공유하려는 시도 자체가 별 의미 없다. (로마인 이야기 같은)

제3자를 화제로 삼으면 뜻밖에 생각이 같다는 데 놀랄지도 모른다." 시오노 나나미의 말이다. 그러나 『로마인 이야기』가 한일 양국에서 수백만 부 씩 팔려나갔고, 한·중·일 3국의 세계사 교과서도 그녀의 충고 못지않게 로마에서 기원하는 유럽사 중심으로 짜여져 있지만 그녀가 기대한 효과는 거의 없는 듯하다. 3국이 공히 자국사와 세계사로 양분하여 역사교육을 실시하는 가운데, 각각 자국중심주의와 유럽중심주의에 치우쳐 동아시아 이웃나라 역사에 대해서는 극히 인색하기 때문이 아닌가 한다.

이런 상황에서 우리 교육부가 고교 선택과목에 동아시아사를 신설하기로 결정한 것은 참으로 반가운 일이다. 동아시아사는 우리 학생들에게 이웃나라의 역사를 깊이 알고 그것이 서로 간에 어떻게 연관되어 있는지 이해하는 기회를 제공할 것이고, 나아가 자국사와 세계사의 한계를 넘어서는 지역사로서 두 극단의 균형을 잡아줄 수 있을 것으로 기대된다.

이런 취지의 동아시아사를 구성하기 위해서는 우선 단순한 양국 간 관계사가 아니라 동아시아 범위에서 상호 유기적으로 연관된 역사를 부각시킬 필요가 있다. 동아시아의 구성 주체를 농경세력, 유목세력, 해양세력의 세 유형으로 나누고 이들의 상호작용에 의해 오늘의 문화유산이 형성되는 과정으로 내용을 구성하면 좋겠다. 이 과정에서 대륙과 해양에 고대 이래 동아시아 역내 교류의 양대 루트가 형성되었는데, 16세기 이후에는 대륙루트로 동진하는 러시아와 해양루트로 동진하는 네덜란드, 영국 등이 개입해 동아시아 근대사의 전개는 더욱 복잡하고 다양해진 것이다.

이 같은 교류와 상호작용은 국가 간 경쟁으로 인한 제국 지향의 팽창주의도 수반하여 국가 간 대립과 갈등의 원인을 제공한 양면성을 갖고 있으므

한국·중국·일본에서 각각 교재로 활용되고 있는 역사 교과서들(왼쪽부터)

로 이를 정당하게 다루어야지 일부러 회피해서는 안 된다. 중화제국, 몽골제국, 일본제국이 그 대표적인 예인데, 조공책봉과 번속藩屬의 논리, 문명개화와 아시아주의의 논리가 제국의 패권 추구를 정당화하곤 했다. 따라서 전근대에는 천조대국天朝大國 중국이 유일하고도 절대적인 중심이었지만 조선, 일본, 베트남도 제국지향의 중국 국가제도를 수용하여 소중심을 자처하였으니 전근대 동아시아 국가들의 상호관계 속에 작동하는 중심 - 소중심 - 주변의 세 위계를 시야에 넣을 수 있어야 한다. 근현대에는 이 세 위계가 어떻게 변모하고 지속하는지에 유의하면서 갈등과 억압의 주체를 일본제국으로 단순화 하지 말고, 청·일·러 세 제국의 동아시아 패권 경쟁, 이들과 경쟁하며 타협하는 프·영·미 등의 제국정책이 한국·류큐·베트남·타이완 등 소국의 독립과 자유를 어떻게 억압했는지를 다각도로 파악할 수 있게 이끌어야 한다. 그래야 감정에 휘둘리지 않는 냉정한 국제 안목을 키울 수 있다. 그 과정에서 류큐, 티베트, 내몽골, 참파 등 '주변'이 '중심 - 소중심'의 팽창에 의해 병합됨으로써 자신의 국민국가 형성에 도달하지 못한 사정이 간과되지 않도록 배려해야 한다.

이상의 국가영역과 달리 사회영역에서는 전근대의 경우 농경공동체의 지속과 변화를 중심으로, 근현대사의 경우 산업화와 민주화를 중심으로 파악할 수 있게 내용을 선정한다. 종족宗族과 촌락을 기반으로 성립된 공동체의 보편성, 벼농사의 집약농법이 발달함으로써 나타난 그 특수성을 아울러 다룬다. 산업화는 이 공동체 속에서 사유재산과 개인이 분화되어 독립하는 식으로 진행되는데, 국내외의 자원을 효과적으로 조직하여 이 변화를 추동하는 주체가 근대국가다. 이런 추세 속에서도 공동체적 가치를 살리려는 세력의 저항이 지속돼 결국은 사적 가치가 절대화 하지 못하고 양자의 타협에 의해 공공성과 민주성을 띤 각종 근대적 법제들이 제정될 수 있었다.

끝으로 오랜 세월 상호작용 속에 많은 문화유산을 공유해온 동아시아 각국이 왜 근대국가 형성과정에서 개혁 속도의 차이를 보였는지를 탐색하게 한다. 이 때 역사적으로 누적된 과거의 힘, 지배엘리트의 특징, 국제적 조건 등 3자의 차이에 주목할 만하다. 국가 간의 과도한 속도 경쟁은 그 성취를 위해 이웃나라의 희생을 강요하게 되는 상호 연관성을 드러내주어야 한다. 성취를 위한 희생을 되돌아보게 해야만 성찰적 역사교육에 도달할 수 있다.

냉전체제 속에서 이념대립을 내세워 진행된 전쟁과 갈등도 실은 근대국가 형성의 속도 차이에서 연유하는 두 모델, 서구형과 소련형 간의 경쟁의 결과였다. 그런데 근대를 자처한 전자도 그 대안임을 자처한 후자도 각기

천황제 파시즘과 일당 전제로 귀착돼 버렸으니 그 부정적 유산을 어떻게 극복할 것인지 숙고할 수 있게 해야 한다. 그 하나의 방법은 스토리가 국가사 위주로 흐르지 않게 유의해 사회영역, 소수민족과 여성 등을 포함한 소수자의 삶이 소외되지 않도록 배려하는 것이다.

이렇게 국가영역뿐만 아니라 사회영역, 특히 소수자 처지를 함께 주목하면 지역질서를 위협하는 제국의 존재를 상대화하는 필요에도 효과적으로 부응할 수 있을 것이다. 엇비슷한 여러 나라가 경쟁하고 견제하는 유럽과 달리 초월적 지위를 가진 제국이 군림해온 동아시아에서는 이들 제국의 상대화야말로 지역 내 평화와 번영을 위한 필수적 과제가 아닐 수 없다. 시오노의 충고가 목에 걸리는 것도 실은 그것이 제국의 성공 스토리에 기대고 있기 때문이다.

📖 관련 서적 소개

① 민두기 지음, 『시간과의 경쟁: 동아시아 근현대사론집』(연세대출판부, 2000).
　　근대국가 형성을 향한 동아시아 3국의 속도경쟁을 시간과의 경쟁이라는 시각에서 비교 고찰한 글, 그리고 전근대 동아시아사의 세 위계(중심 - 소중심 - 주변), 아편전쟁 이래 근현대 중국과 한국의 상호인식과 상호관계를 이해하는 데 도움을 준다.

② 하정식·유장근 엮음, 『근대 동아시아 국제관계의 변모』(혜안, 2002).
　　여기에는 국민국가형성에 실패한 동아시아의 지역/민족들의 실제 사례, 예를 들면 류큐, 타이완, 내몽골, 티베트 등이 근대 국제관계의 확장에 따라 어떻게 대국/제국들에 의해 흡수 통합되거나 식민지화되는지를 주변의 시각에서 검토한 글들이 수록돼 있다.

③ 정문길 외 지음, 『주변에서 본 동아시아』(창비, 2004); 백영서 외 지음, 『동아시아의 지역질서: 제국을 넘어 공동체로』(창비, 2005).
　　뒤 책에는 차례로 중화제국, 일본제국, 미제국에 의해 주도되어 온 동아시아 지역질서를 검토하고 탈중심의 새로운 지역질서에 대한 전망을 다룬 글들이 수록돼 있다. 앞 책에는 동아시아를 '중심'이나 '소중심'의 눈이 아니라 국민국가 형성에 실패한 지역/민족 등 '주변'의 눈으로 접근할 때 성찰적 인식에 다가설 수 있으며 따라서 중심인 중국과 일본에 대해서도 주변의 시각에서 다시 볼 필요가 있다는 글, 그래야 이를 통해 탈중심의 새로운 동아시아상을 수립할 수 있다는 취지의 글들이 수록돼 있다.

④ 유용태 지음, 『환호 속의 경종: 동아시아 역사인식과 역사교육의 성찰』(휴머니스트, 2006).
　　동아시아 질서의 중심이 바뀌는 러일전쟁 이래 중국인의 일본인식을 환호와 경종의 상반된 두 흐름으로 파악하고, 중화와 제국의 논리로 인한 곤경에도 불구하고 동아시아를 하나의 비교 지역사로 구성하면 국가사보다 풍부한 '사고의 실험실'을 얻을 수 있다는 취지의 글들이 수록돼 있다.

⑤ 아시아평화와 역사교육연구소 편, 『한중일 동아시아사 교육의 현황과 과제』(선인, 2008).
　　동아시아사를 어떻게 인식하고 구성할 것인지에 관한 한중일 3국 학자의 글, 동아시아사 교육의 현황과 과제를 다룬 최근의 글들이 수록 돼 있다.

동아시아 '공동대학 설립'

백영서
연세대 사학과 교수

지난 25일 일본 와세다대에서 열린 동아시아 관련 심포지엄.
아오키 다모쓰 일본 문화청 장관이 기조강연을 하고 있다

한·미 자유무역협정FTA이 동아시아 공동체로 향하는 흐름을 단번에 돌려놓을 수도 있다는 우려의 소리와 더불어, 이제야말로 미국을 제대로 대면하는 동아시아론으로, 새로운 사상적·실천적 모색이 요구되는 때라는 성찰의 소리도 들려 온다. 이런 상황에 직면해 동아시아론의 향방을 궁구하

던 차, 일본 와세다대학 '아시아 연구기구'가 2007년 5월 25~26일 이틀간 개최한 제1회 국제심포지엄과 워크숍에 참석했다. 그 기회를 통해 필자는 동아시아의 학자·언론인들과 대화를 나누면서 값진 지적 자극을 받았다.

동아시아 공동체라는 키워드: 한국과 일본의 같고 다른 점

이번 도쿄 체류 기간에 동아시아 공동체란 핵심 개념은 그것을 발신하는 주체가 처한 맥락의 차이에 따라 달라지는 것임을 다시 확인할 수 있었다.

일본에서 일찍이 아시아에 주목해 다양한 아시아론을 개발했고 1940년대 '대동아공영권'까지 수립했던 일본이지만, 패전 후 그들에게 동아시아는 '상실된' 지역 개념이었다. 그 이유는 2차 대전 종결 직후 형성된 냉전의 영향으로 동아시아 이웃을 침략하면서 만든 '동양'(내지 '동아') 개념이란 유산을 청산할 기회를 갖지 못한 탓이다.

그러나 일본이 경제 부흥과 더불어 다시 부강해짐에 따라 '아시아' 개념이 부활했고, 1990년대 들어서면서 '아시아'는 일본에서 담론의 중요한 주제로 떠올랐다. 다양한 갈래의 동아시아론이 여러 분야에서 제기되었는데, 동아시아 공동체론은 일본 정부가 2002년에서 2004년에 걸쳐 동아시아 지역통합의 움직임 곧 ASEAN+3 체제에 높은 관심을 갖기 시작하면서 아연 활기를 띠었다.

동아시아 공동체라는 용어는 이제 중국 대륙에서도 그대로 쓰인다. 일본 정부와 마찬가지로 중국 정부의 동아시아 공동체 정책도 대체로 경제 협력을 추동력으로 삼고, 점진적이고 기능적인 협력 강화를 통해 동아시아 공동체의 기반을 공고히 하는 데 중점을 둔다. 한국 정부의 그것도 크게 다르지 않다.

주제발표자로 참여한 한국의 백영서·박태균 교수와 일본의 야마무로 신이치(왼쪽부터)

그런데 이것이 좁은 의미의 동아시아 공동체라면, 좀 더 넓은 의미의 용법도 있다. 공동체란 개념에는 본디 인격적인 개개인들의 자발적 결합체라는 강한 의미가 있다. 그래서 공동체가 해체된 근대사회에서도 종종 공동체적 인간관계의 재구축을 추구하는 움직임이 나타나곤 한다. 그것을 국가를 넘는 지역 차원에서 구현하려는 것이 넓은 의미의 동아시아 공동체라 하겠다.

이 점을 가장 잘 보여주는 것이 한국의 동아시아론 전개 과정이다. 필자는 이런 사정을 국제회의에 앞서 24일 아시아 연구기구의 제3회 아시아 살롱 초대 연사로서 다음과 같이 정리한 바 있다.

한국에서 1990년대부터 동아시아 지역을 하나의 분석단위로 논의하는 이른바 '동아시아 담론'이 흥기했다. 그런데 처음 그 논의를 주도한 주체는 주로 인문학자들이었고, 그들은 1990년대에 변화한 나라 안팎의 상황, 즉 국내의 민주화 진전과 세계적인 탈냉전의 상황에 맞춰 새로운 이념을 모색하는 과정에서 '동아시아'를 사실상 발견하여 그로부터 새로운 이념과 문명적 가능성을 찾고자 했다.

물론 1990년대 이미 일부 사회과학자들이 동아시아 신흥발전국가들을 설명하기 위해 '발전국가'론을 원용하고 유교자본주의론을 들고 나와 동아시아 담론에 참여했으며, 1997년 ASEAN+3 체제 출현 이후 더 많은 연구자들이 이 주제에 달려들어 정치경제 영역에서 국가 간 협력체를 구축하는 데 관심을 갖기 시작함으로써, 동아시아 담론이 한층 더 구체화되고 풍성해졌다. 그런데 양자의 논의는 대체로 평행선을 달리다가 가끔 교차할 뿐이다. 그래서 동아시아 공동체에 관해 똑같이 말한다 해도, 인문학자들은 그것을 동아시아 시민이 자발적으로 추진하는 인격적 연대·결합의 유토피아로 상상하면서 그 실천의 길을 모색하려는 경향이 있고, 사회과학자들은 국가나 자본이 주도하는 정치경제 영역에서의 날로 긴밀하게 상호 의존하는 지역적 현실과 그것에 기반한 지역협력체제의 제도화 가능성을 분석·전망하는 데 치중하는 경향이 있다. 따라서 앞으로의 동아시아론은 이런 분기 현상을 어떻게 종합적 시각에서 파악할 것인가 하는 것을 과제로 삼아야 한다.

이 관점에서 다시 볼 때, 이미 이 지역에서 부분적으로 추진되고 있는 자유무역협정FTA이라는 형식의 경제통합을 포함한 다양한 지역 통합이 과연 어떤 동아시아 공동체를 추구하는 것인지 날카롭게 따져볼 필요가 있다. 왜 동아시아인가라는 물음은 바로 어떤 동아시아인가라는 과제와 직결되는 것이다.

동아시아 대학 구상이 떠오르다

이번에 일본 회의에 참석해 얻은 또하나의 수확은 동아시아 공동의 대학이란 발상을 접한 것이다. 이 구상은 아시아 연구기구 책임자인 오쿠시마 다카야스奧島孝康 교수(전 총장)와 이 기구의 교수로서 현재 문화청 장관인

아오키 다모쓰青木保에 의해 제기된 것이라고 한다. 국제회의 첫날(25일) 제2부에서 아오키 장관이 한 기조 강연 내용과 평소 그가 쓴 글들을 종합해보면, 동아시아 대학 구상의 윤곽이 떠오른다.

평소 아시아 대학을 '문화적 종합력'이라는 관점에서 주목해온 그는 동아시아 대학들이 미국 대학의 하청기구로 전락한 현실에 대해 위기감을 느꼈다. 단적으로 구미의 대학평가에서 순위가 올랐다고 기뻐할 단계가 아님을 냉정하게 지적하는 것이다. 그래서 강연의 모두에서도 미국 대학에 대항하는 형태로 동아시아 대학 만들기를 역설했다. 먼저 한·중·일이 솔선해서 공동의 대학을 세우자는 것이다.

종래와 같이 대학끼리 협약을 맺는다거나 자매교를 늘리는 것과는 전혀 다른 유기적 연구·교육기관을 제안하는 것 같다. 민간기금을 중심으로 하고 정부가 돕는 형식을 취하면서, 뜻있는 동아시아의 대학이나 연구기관이 협력하되 조직은 별개로 설립하자는 구상이다. 이것이 동아시아 공동체의 기초를 만드는 가장 효과적인 방법일 수 있다고 그는 기대한다.

그의 구상은 그 밑그림이 제시된 단계에 불과하지만, 한층 더 긴 역사적 관점에서 나온 것이다. 그가 강조하듯이 이제까지 아시아의 대학은 모름지기 국민국가의 대학으로 설립되어 왔다. 이것 자체는 유럽의 대학도 마찬가지로 역사적 요청이었다. 그러나 글로벌 시대를 맞아 국민국가대학에는 한계가 있다는 것이 드러났으니, 미국의 대표적인 대학은 기본적으로 '국민국가대학'이 아니라 '세계대학'으로 지향성을 명확하게 갖고 있다. 그렇다면 세계의 중심의 하나인 동아시아에서 대학은 어떠한 형태를 갖는 게 적당한지 널리 논의해보자고 그는 제안했다.

아오키 장관의 강연에 대한 토론자가 소개한 유럽대학원대학college of Europe은 하나의 모델로서 시사하는 바 크다. 1949년에 벨기에에 세워진 이 대학은 유럽 통합을 지탱하는 국제공무원을 양성하는 기구이자 각종 국제기구를 위한 공무원 연수기관으로서 영어와 불어가 공용어로 쓰이고 전학생이 기숙사에서 생활하며 실습과 연수가 중시되는 1년제 대학원이다.

동아시아 대학 구상은 흥미로운 과제다. 이것이 과연 동아시아 공동체 논의를 제도와 실천의 차원에서 한 단계 끌어올릴 수 있을지는 더 두고봐야겠다. 필자는 토론 과정에서 이번 회의의 공통 주제에 맞춰 이 대학은 두 개의 '경계'를 넘어야 한다고 주장했다. 하나는 언어의 경계로서 영어중심주의를 넘어 다언어주의로, 또하나의 경계는 분과학문제도로서 분과중심주의를 넘어 삶의 현장으로 나아가자는 것이다. 무엇보다 동아시아 현장에서 문제를 발견하여 그에 걸맞은 방법론을 만들어가는 새로운 동아시아학에 대해 공감이 형성되고 있어 뜻깊다.

역사 · 현재 · 미래 '경계를 넘다'

올해로 개교 125주년을 맞는 와세다대학은 '글로칼glocal 대학으로, 제2의 건학'이란 표어를 내걸 정도로 자기혁신에 열중하고 있고 동아시아는 그 중심에 있는 것 같다. 와세다대학은 문부성이 지원하는 21세기 COE 프로그램(우리 BK21과 유사함)으로 2002년부터 '현대 아시아학의 창생'이란 과제를 수행해왔는데 올해 그 마무리 단계에 있다. '아시아 연구에서의 지知의 공동 창출'을 목표로 삼은 '아시아 연구기구'는 그 프로그램을 제도화한 것이다.

이 기구가 주최한 이번 국제회의의 공동 주제는 '21세기의 동아시아: 경계를 넘어서'이다.

첫날의 심포지엄은 제1부 '동아시아의 태동하는 시민사회와 민주주의의 가능성', 제2부 '동아시아대학 구상과 문화교류', 제3부 '동아시아 현대사를 어떻게 파악할 것인가'란 주제를 중심으로 한국·중국·일본의 참석자들이 토론을 벌였다. 이튿날의 워크숍에서는 오전에 '동아시아에서의 지역연구의 가능성'에 대해 논의했고, 오후에는 전체를 총괄하는 종합 토론이 있었다(한국 측 참석자는 필자 이외에 한영혜·박태균·김춘미 교수).

종합 토론은 심포지엄 준비위원장인 아마코 사토시天兒慧(중국 정치론) 교수가 이틀간의 논점을 정리한 바에 따라 진행되었다. 즉 '경계를 넘는다는 것'을 키워드로 역사 - 현재 - 미래의 순서대로 토론한 것인데, 필자 역시 이에 근거해 회의 내용을 소개하려고 한다.

역사에 관해서는 먼저 역사의 상대화가 어떻게 진행되고 있는지 짚어 봤다. 중국에서 진행되는 역사(특히 혁명사관)의 상대화 작업을 주시하면서 한·중·일이 역사 대화를 나눠야 한다는 주장이 눈길을 끌었다. 그리고 자국사와 지역사의 화해를 위해 문맥의 공유를 거쳐 '소통적 보편성'에 도달해야 한다는 필자의 문제 제기도 논의거리를 제공했다. 그 다음으로 경계의 역사를 어떻게 공유할 것인가가 논의되었다. 오키나와 쓰시마처럼 역사 속에서 여러 국가의 영역이 겹친 지역이라든가, 고구려사 논쟁처럼 동아시아 역사 속에서 해석이 겹치는 사건이나 인물을 어떻게 서로 인식할 것인가가 주목되었다.

현재에 관해서는 한국·중국·일본 시민사회의 발전 정도, 그리고 시민

·민중의 경계를 초월한 교류가 시민사회나 민주주의의 제도화를 촉진하는가 등이 토론되었다. 이 주제와 관련해 각 사회에서의 중산층 규모와 역할, 특히 정치적인지 몰정치적인지가 쟁점이 되었다.

　미래에 관해서는 동아시아 공통의 아이덴티티 형성이 가능한가, 동아시아 지역학은 어떤 성격의 것인가, 그리고 동아시아 인재 육성의 새로운 틀로 제안된 '동아시아대학'이 주된 관심사였다.

관련 서적 소개

① 대학사연구회 지음, 『전환의 시대 대학은 무엇인가』(한길사, 2000).

    동아시아 공동대학 구상의 의미를 제대로 이해하기 위해서는 근대대학이 어떤 과정을 거쳐 오늘에 이르렀는지를 먼저 점검할 필요가 있다. 이 책은 국내 연구자들이 전 세계 주요 대학의 형성사를 알기 쉽게 정리한 글들로 구성되어 있다. 아시아 지역에서는 한국을 비롯해 중국, 타이완, 일본, 인도 대학들의 역사가 다뤄진다.

② 靑木保, 「アジアのソフトパワーを支える'東アジア大學'」, 『ワセダアジアレビュー』(2007년 no.2).

    일본 문화청장관(전 와세다대학 교수, 문화인류학)인 필자가 평소의 지론인 동아시아 공동대학 구상을 정리한 글이다. 국제·지역관계에서 학술문화교류가 차지하는 중요성을 강조하면서, 전 지구화와 정보화 시대의 대학의 존재방식과 동아시아 공동체 구상을 검토한 뒤, 동아시아 대학 구상과 그것을 실현하기 위한 당면한 행동지침까지 제시한 글이다.

성공적 경제협력 위한 요건

윤덕룡
대외경제정책연구소 선임연구위원

동아시아 지역협력은 이 지역의 경제안정과 성장을 위해 반드시 필요하다.
사진은 지난해 7월 말레이시아에서 열린 동남아시아연합(ASEAN) 지역포럼에 참가한 각국 외무장관들

동아시아의 경제적 연관성이 점점 깊어가고 있다. 1990년 이후 2003년까지 역내무역이 차지하는 평균비중을 보면 동아시아가 23.7%로 오히려 유럽의 21.3%를 앞지르고 있다. 증가세를 고려하면 앞으로 역내무역 비중은 더욱 높아질 전망이다. 태국의 금융시장 위기, 중국의

이자율 정책이나 주식가격 변동, 일본의 이자율 등이 우리시장에 직접적이고 강력한 영향을 미치는 것을 우리는 날마다 경험하고 있다. 결국 동아시아는 경제협력을 강화하지 않고는 경제적 안정이나 발전을 도모하기 어려운 것이 현실이다.

이때까지 동아시아가 지역화에 대해 무관심했던 것은 아니다. 동남아 지역 국가들의 협력체인 ASEAN은 현재 10개국이 참가하는 실질적 자유무역협정FTA을 지향하고 있다. 이질성, 합리적 리더십의 부재라는 문제로 큰 진척을 보이지 못하고 있으나 아시아·태평양지역의 개방적 지역협력체로 APEC도 추진되었다. 90년에는 말레이시아의 마하티르 총리가 제안한 '동아시아 경제협의체EAEC' 구상이 추진된 적도 있었으나 미국의 견제와 일본의 소극적 태도로 좌절되었다. 그 외에도 중국이 제안한 동아시아 정상회의, 한국이 제안한 동아시아 비전그룹 등 여러 협력체의 추진 등이 있었다.

논의는 무성하지만 실질적인 진전이 없던 아시아에 본격적인 경제협력 바람이 불게 된 것은 동아시아 외환위기가 그 계기다. 97년 태국에서 발생한 통화위기가 인도네시아, 말레이시아, 타이완, 한국 등으로 연쇄적인 위기의 확산을 가져왔으나 이에 대응할 수 있는 동아시아 협력체가 존재하지 않았다. 국제금융기구나 APEC도 효과적인 대응체제가 될 수 없음을 깨달은 아시아 국가들은 지역협력체의 필요성을 절감하였고 실질적 협력에 관심을 가지게 되었다.

현재 동아시아에서 진행되는 경제협력은 ASEAN+3 차원에서 주로 이루어지고 있다. 지역경제협력은 세 가지 분야로 분류할 수 있다. 첫째는 정책협의 및 공조이며, 둘째는 실물시장의 경제협력, 그리고 셋째는 통화 및 금융분야의 경제협력이다.

ASEAN의 10개 회원국과 한·중·일의 3국이 참여하는 정책협력이 시작된 것은 97년 외환위기가 계기였다. 아시아 국가들의 위기의식이 팽배했던 97년 12월 쿠알라룸푸르에서 개최된 ASEAN 비공식 정상회담에 한·중·일이 초청되면서 ASEAN+3 정상회담이 태동한 것이다. 98년 제2차 ASEAN+3 정상회담은 역내 국가들의 거시경제정책 조화, 환율불안정요인 제거, 외환위기 재발방지를 위한 단기자본 관리 등에 대한 공동 현안을 다루기에 이른다. 이를 바탕으로 2000년부터 ASEAN+3는 정상회의 외에도 외무·경제·재무 등 주요 각료회의를 개최하고 고위급 회의도 열리게 되었다.

한·중·일 3국은 동북아 정상회의와 각료회의를 정례화하여 하나의 지역협력체 역할을 수행하면서 ASEAN과 공동협력체를 구성하는 중첩적 협력관계를 가지고 있다. 한·중·일은 또한 개별국 차원에서도 ASEAN+1의 형태로 정책협력을 수행하고 있다. 이러한 협력에서 초기에는 경제 이슈만을 주로 다루었으나 지금은 북핵 문제와 같은 정치·안보 이슈도 다루려는 경향을 보이고 있다.

실물분야에서의 경제협력은 ASEAN+3차원의 협력보다는 양자 간 협력이 중심이 되고 있다. 동아시아 국가들의 FTA정책을 보면 개별 국가 간에 FTA를 결성하거나 혹은 ASEAN과 개별 국가 간 FTA를 맺고 있다. 그 결과 동일한 국가들이 이중적으로 FTA를 체결하기도 한다. 예를 들면 일본은 ASEAN과 FTA를 맺었고, 또 필리핀·말레이시아·

태국 등과 양자 간 FTA를 체결하였다. 이러한 사실은 아직 ASEAN이 회원국의 이해를 충분히 반영하지 못하고 있음을 시사한다. 동북아 3국 간에도 상황은 마찬가지다. 한·중·일 간 FTA문제를 논의하고는 있지만 아직은 개별국 차원에서 FTA정책이 진행되고 있다. ASEAN+3 차원에서는 단지 IT, 중소기업, 환경, 물류, 표준화 등 일부 분야에서 다양한 협력사업을 추진하고 있다.

재정 및 금융분야에서는 ASEAN+3차원의 협력이 상대적으로 활발한 모습을 보이고 있다. 대표적인 협력사업으로는 ASEAN+3국가들이 위기방지를 위해 긴급자금을 대출해주는 치앙마이 이니셔티브를 들 수 있다. 이 협정은 양자 간 스와프 형태에서 다자 간 스와프 제도로 전환하고 지원규모도 795억 달러에 달하는 긴급자금지원제도로 발전을 거듭하고 있다. 그리고 동아시아 국가들이 저축한 자금을 역내에서 활용하기 위한 아시아 채권시장 발전을 위한 이니셔티브가 추진되고 있다. 최근에는 동아시아 공동 통화를 도입하여 환율 협력이나 금융시장 활성화에 이용하려는 논의가 ASEAN+3 연구그룹과 ADB 차원에서 활성화되고 있다.

이처럼 동아시아 경제협력이 여러 분야에서 진행되고 있음에도 ASEAN+3이 공동의 사무국조차 개설하지 못할 만큼 실질적인 경제협력면에서 큰 성과를 보이지 못하는 것은 다음과 같은 문제들이 있기 때문이다. 첫째, 공동체 의식의 부족이다. 아시아국가들은 아직 공동체로서의 정체성을 확보하지 못하고 있어 협력을 제도화하는 데 한계가 있다. 둘째, 경제발전 단계 및 경제력의 편차가 크다. 상호 다른 경제여

건으로 인해 공동의 목표를 설정하기 힘든 상태다. 셋째, 과거 역사로 인한 갈등이다. 가깝게는 일본의 강점시대에 대한 문제에서 중국의 동북공정과 같은 역사 문제가 협력 여건을 저해하고 있다. 넷째, 정치체제와 환경의 차이다. 선진적 민주화가 이루어진 국가와 강력한 권위주의가 유지되고 있는 국가들이 존재하므로 협력체제의 모색이 어렵다. 다섯째, 협력 경험의 부재다. 동아시아 국가들이 공동 운명체로서 협력을 추진해본 경험이 적어 아직 합의를 모색하는 기술과 협력방식이 매끄럽지 못한 셈이다. 여섯째, 리더십의 부재다. 일본과 중국의 주도권 경쟁, ASEAN 내에서의 국가 간 주도권 경쟁 등이 협력을 증진시키기 위한 적극적 리더십을 만들어 내지 못하고 있다.

    이러한 문제에도 불구하고 지역협력은 동아시아 지역의 경제 안정과 지속적인 성장을 위한 필수적 전제가 되고 있다. 그렇다면 한국은 무엇을 할 수 있을까? 한국으로서는 경제력이나 정치적 영향력 측면에서 지역협력을 주도하기에는 한계가 있다. 더구나 북한 문제로 인해 오히려 주변국으로부터 정치적인 협조가 필요한 여건이다. 그러나 중국과 일본의 주도권을 둘러싼 갈등을 중재하고 협력을 위한 아이디어를 제시하는 것은 가능하다.

    벨기에가 유럽통합을 주도하는 국가로 자리매김될 수 있었던 것은 유럽의 강대국 사이에서 갈등을 조정하고 통합을 향한 방안을 미리 제시하는 노력을 지속했기 때문이다. 한국의 인적자원을 고려하면 지적知的 리더십을 가질 수 있는 역량은 충분하다. 중국·일본과도 신뢰에 기반한 대화가 가능하다.

결국 동아시아의 성공적 경제통합을 위해 한국이 할 일은 먼저 비전과 로드맵을 우리가 제시해야 겠다는 결단과 스스로에 대한 적극적 역할 부여가 될 것이다.

관련 서적 소개

① 이남주,「동아시아 협력론에 대한 비판적 검토」, 백영서 외 지음,『동아시아의 지역질서』(창비, 2005).

    동아시아 지역협력체는 경제 영역이 선도하는 면도 있지만, 경제는 물론이고 정치 안보와 문화 영역에서도 함께 진행되어야 할 것이다. 이 글은 동아시아 협력체에 대한 기존의 논의들을 비판적으로 점검하면서 대안을 모색하고 있다. 특히 국가와 민간 부분의 역할의 균형과 한국과 같은 중간 규모의 역할을 강조하고 있다.

② 최태욱 엮음,『한국형 개방전략: 한미 FTA와 대안적 발전모델』(창비, 2007).

    동아시아 경제협력체에 대한 논의가 활발한데 이것을 전 세계 차원에서 다시 볼 필요가 있다. 특히 한미 FTA가 목전의 문제로 된 지금, 동아시아 경제협력체는 어떤 역할을 하게 될 것인지, 그리고 한국은 어떤 개방모델을 추구해야 할지를 논의하는 것이 시급하다. 이 책은 그런 고민을 공유한 연구자들의 글 모음이다.

3. 한국 속의 동아시아, 동아시아 속의 한국

아시아계 유학생에게 기대하는 것 | 김명인
결혼이주여성이 본 한국사회 | 김이선
동아시아의 한국학을 위해 | 홍정선
호주 속의 한국학 | 판카즈 모한

아시아계 유학생에게 기대하는 것

김명인
인하대 국어교육과 교수

유학은 다른 나라의 언어와 문화, 관습을 이해할 수 있는 좋은 기회이다.
사진은 인천 거주 중국유학생들이 인천시의 초청으로 갑곶돈대 등 강화도 유적지를 관광하고 있는 모습

교육인적자원부의 통계자료를 보면 2007년 현재 한국에서 해외로 나간 대학생 이상의 유학생 숫자는 21만 7959명이다. 1883년 유길준이 보빙

사로 미국에 갔다가 그대로 눌러앉아 해외유학생이 된 이래 우리는 120년이 넘도록 지식과 학문의 젖줄을 해외에 대고 간고한 근대 기획을 수행해왔다고 할 수 있다. 우리의 근대 기획의 전부가 해외에서 비롯된 것이라고는 할 수 없지만, 적어도 현재 남한사회의 기본제도와 주류적 사상인식은 대부분 해외유학파의 귀국보따리에 원천을 두고 있다는 사실을 부인하기는 힘들다. 그 결과 이제 한국은 분단이라는 악조건 속에서도 세계 10위를 넘보는 경제 강국이 되었고 민주주의의 완성도에서도 세계무대에서 남부끄럽지 않을 만큼은 되었다. 아직도 많은 난제를 안고 있지만 그 해결 전망이 무작정 어두운 것만은 아니라고 할 수 있다. 이제 우리도 목전의 갈급함을 넘어 인류를 위해 무언가 기여할 것이 있는 나라가 된 것이다.

　같은 자료에는 2006년 4월 현재 한국으로 유학을 온 대학생 이상의 외국학생의 숫자가 3만 2557명으로 되어 있다. 3만 명이 넘는 외국의 젊은 이들이 생애의 소중한 기간을 한국에서 무엇인가를 배우기 위해 고국을 떠나온 것이다. 한국이 IT나 반도체 같은 세계적 첨단산업을 선도하고 있고, 경제발전과 민주발전이라는 두 마리 토끼를 잡은 나라라는 이미지로 널리 알려져 있으며, 또 한류라는 이름의 독특한 문화현상의 원천이라는 사실이 아마도 근래에 많은 외국 젊은이들의 발길을 끄는 원인이었겠지만 일단 이들이 유학을 온 뒤에 한국은 그들에게는 그러한 단편적 면모나 풍문으로서가 아니라 하나의 전체적 경험으로 다가오게 될 것이다. 이들이 한국에서 소정의 과정을 이수하고 각자 본국으로 돌아가 한국에서의 경험과 지식과 사상을 토대로 각자 자국의 현실과 마주하게 될 이들에게 무엇을 가르쳐 보낼 것인가 하는 문제는 이제 하나의 국가적이면서도 국제적인

과제가 되고 있다고 할 것이다.

그런데 이들 유학생들을 출신지역별로 분류한 통계에 의하면 전체 3만 2227명 중 아시아계 유학생이 89%인 29만 227명으로 기타 지역의 3330명을 압도하고 있다. 그리고 비록 중국 유학생이 전체 아시아계 유학생의 70%에 육박하기는 하지만 동남아, 남아시아 등 아시아 각국에서 고루 유학생 수가 증대하고 있는 실정이다. 구미 등 기타지역의 유학생들 역시 소중한 존재이지만 현재까지는 아시아 각국에서 온 유학생들을 어떻게 인식하고 그들에게 무엇을 주며 또 무엇을 기대할 것인가 하는 문제야말로 우리의 유학생 교육문제의 핵심이라고 해도 과언이 아니다. 한국을 배워가려는 절대 다수의 아시아계 유학생들에게 제대로 된 교육내용을 전하고 그들로 하여금 각자의 나라에서 우리에게 배운 것들을 바탕으로 아시아의 평화와 선린의 연대를 위한 주축이 되게 하기 위해 우리는 무엇을 할 수 있을 것인가.

물론 이공계 대학의 경우 기초과학 및 첨단과학 분야에서 우리의 앞선 기술을 전해 주는 것 자체가 그들 나라의 과학기술과 산업발전에 기여하는 것이라 할 수 있다. 하지만 이공계라고 할지라도 유학생들은 짧게는 1~2년에서 길게는 4~5년 이상 한국에서 생활하면서 한국의 언어, 문화, 관습, 제도를 체험하고 한국에 대한 인상을 깊이 각인하고 돌아가게 된다. 따라서 이들에게 한국과 한국문화에 대한 바른 인식을 가지게 하고 한국을 아시아의 좋은 이웃으로 기억하도록 하는 것이 중요하다. 이는 유학생 유치에 열을 올리고 있는 우리 대학들이 무엇보다 먼저 생각해야 할 전제라고 할 수 있다. 과문한 탓인지 모르나 현재 아시아계 유학생들을 위해 교과과정 이외의 교양프로그램을 제공한다거나 그들과 함께 하는 다문화적 소통을 위한 체계적인 노력을 기울이고 있는 대학이 있다는 말은 아직 들어보지 못했다.

인문사회계 유학생들의 경우라면 이 문제는 더 본질적이라고 할 수 있다. 한국의 정치, 경제, 사회 등에 관해 공부하는 사회과학 전공 학생들이나 한국의 문학, 어학, 역사, 철학 등을 공부하는 인문학 전공 학생들의 경우는 공부의 과정 자체가 아시아적 감각을 바탕으로 한국과 자국의 사회·문화를 비교 이해하는 과정이며 유학을 마치고 본국으로 돌아간 이후에는 자신의 한국에 대한 인문사회과학적 이해를 토대로 아시아의 맥락 속에서 자신의 학문적·실천적 활동을 해 나가게 된다. 따라서 특히 이들 인문사회계열의 유학생들에 대해서는 한국사회와 문화에 대한 자의적이고 경험적인 이해를 넘어서서 대학 내에서의 상호주체적이고 소통적인, 그리고 유학생들 본국의 사회 문화와 관련된 비교문화적 탐구가 가능해야 하고, 대학은 이를 교육과정 속에서 뒷받침할 수 있어야 한다.

아시아는 이제 하나의 추상적 이념에서 점차 구체적인 실체로 대두되고 있다. 아시아가 서구적 근대, 혹은 근대 서구의 대안이 될 수 있는가는 아직 미지수라고 할 수 있지만 적어도 아직은 서구의 실패나 서구의 한계를 답습하는 외길로 들어서지는 않았다는 점에서, 그리고 역내 각국과 민중들 모두가 서구적 근대의 폐해를 아프게 공유했던 기억을 가지고 있다는 점에서 세계사 속에서의 아시아의 역할에는 기대를 걸어볼 만한 부분이 적지 않다. 그리고 이제 아시아 각국의 인적·물적·문화적 교류는 단순히 오래도록 서로 닫아두었던 문을 두드리는 단계를 지나 바야흐로 본격적인 부피와 질감을 확보하고 있는 상황이다.

이런 상황에서 아시아 각국에 서로 퍼져나가고 있는 신세대의 유학생들의 존재는 대단히 소중하다고 아니할 수 없다. 이들이야말로 근대 이후를 모색하는 아시아를 지적으로, 또 실천적으로 담지해 나갈 존재들이기 때문이다. 일본, 중국과 더불어 아시아의 선진그룹을 이루고 있는 우리나라의 대학들이 이제 3만을 넘어 조만간 5만, 10만에 이르게 될 아시아계 유학생들을 단지 부족한 학생 정원을 채워주는 존재이거나 '한국'을 일방적으로 주입하는 대상으로서가 아니라 세계사의 새로운 흐름을 이루어나갈 아시아 공동의 동량재로 인식하는 발상의 전환이 필요한 시점이다.

관련 자료 소개

① 교육과학기술부 홈페이지 교육통계서비스
　　http://std.kedi.re.kr/index.jsp

결혼이주여성이 본 한국사회

김이선
한국여성정책연구원 연구위원

아시아계 이주여성들이 한 지방자치단체에서 마련한 강좌에서 한글을 배우고 있다. 그러나 이주여성들이 한국사회에서 더불어 살아가기 위해서는 언어 습득에 앞서 서로에 대한 민족적·문화적 차이를 인정하는 것이 중요하다
(사진제공: 경향신문)

'외국인 100만 명 시대', 이는 단지 통계수치만의 문제가 아니라 이미 시민들의 생활 속으로 파고들고 있다. 길거리나 지하철 등에서 '한국인'과는 어딘가 달라 보이는 이들을 자주 마주치게 될 뿐 아니라, 외모의 차이가

두드러지지 않은 이들까지 포함하면 외국인과 마주하지 않고는 아마 하루도 지내기 힘들 것이다. TV를 켜면 그 안에서도 다양한 국가 출신의 외국인이 등장한다. 또 적지 않은 이들은 직장 동료로, 이웃으로, 가족으로 외국인을 만날 것이다.

이처럼 외국인 이주자가 우리네 생활의 일부를 차지하게 되면서 이들에 대한 시민들의 관심과 인식도 높아지고 있는 듯하다. 한국여성정책연구원에서 실시한 '한국사회의 다민족·다문화 지향성에 대한 조사 연구'에 의하면, 외국인 이주자에 대해 한국인들은 비교적 개방적이며 동료나 이웃, 친구로서 이들을 받아들이는 데 있어서도 관대한 것으로 나타났다. 그런데 이러한 태도가 피상적 수준의 선의善意를 넘어서 실제 외국인 이주자와의 대면 속에서 실천으로 연결되고 있는지에 대해서는 적지 않은 의문이 남는다. 한국사회에 거주하는 다양한 이주자 가운데 사회적으로도 초미의 관심사이며 한국인들과 공적, 사적으로 가장 긴밀한 관계를 맺을 것으로 기대되는 결혼이주여성, 특히 그 대부분을 차지하는 중국과 베트남, 필리핀, 태국 등 동아시아 개도국 출신의 결혼이주여성들의 경험을 보면 이러한 의문은 더욱 굳어진다.

결혼이주여성에게 한국 사회는 동정어린 차별과 일방적 동화 요구로 가득
대부분의 결혼이주여성들이 언어와 일상생활방식의 차이로 인해 어려움을 겪는다는 점은 익히 알려진 사실이다. 그런데 이들의 어려움은 여기에 그치지 않는다. 오히려 언어와 일상생활의 문제는 한국생활 경험과 자신의 노력에 따라 해결되어 가는 기미를 보이지만, 시간의 흐름과 자신의 노력만으로는 꿈쩍도 하지 않는 문제가 버티고 있다.

일상생활 여기저기에서 마주치는 한국인들이 자신을 향해 내보이는 곱지 않은 시선이 바로 그러한 문제다. 외국인이기 때문에, 그것도 못 사는 나라 출신이기 때문에 '무지하고 무능한' 존재로 취급되는 것은 흔한 일이다. 게다가 '팔려오다시피 결혼해' '매 맞고 사는' '불쌍한' 사람, '돈 때문에 결혼해' '이혼도 쉽게 할 믿을 수 없는' 존재라는 등등 결혼이주여성에 대한 선입견으로 자신에게 동정과 차별이 뒤섞인 태도를 내보이는 이들을 대하는 것은 더욱 힘든 일이다. 이러한 가운데 한국인들과 긍정적인 관계를 맺기란 결코 쉽지 않으며, 결국 10년 넘게 한국인 속에서 살면서도 어려울 때 도움을 청하거나 '목욕탕이나 노래방을 같이 갈 만한' 친구조차 없는 경우가 대부분이다.

또한 이주여성의 모국어나 출신 문화에 대해 많은 한국인들은 '존중해야 한다'고 생각하며 '한국문화만을 강조할 필요는 없다'고 하지만, 정작 결혼이주여성들 주위에는 자신의 모국어를 '시끄러운 소리'라고 폄하하거나 서툰 한국어를 비난하고 정확한 한국어 구사를 강조하는 이들만이 가득 차 있다. 뿐만 아니라, 자신의 출신 문화에 비춰 가족관계와 역할 분담 등의 불합리함을 지적하고 가족 내외부에서 적극적으로 활동하고 싶은 자신의 욕구를 표현할 때 돌아오는 것은 '여성은 집안일에 충실하고 바깥일은 남성이 하는 것이 한국문화'라는 단정적 목소리뿐이다.

"지금도 시어머니, 남편 태국 말 전화통화 오래하는 거 싫어해요. 친구들한테 전화하는 거, 저 쓰는 거도 뭐라 하고 그 쪽에서 해도 뭐라 하고. 태국어 쓰니까, 어머니는 내가 전화를 태국말로 썼더니 밖으로 나가요. 원래 앉아 있었는데 방안에. 태국말로 쓰면 그냥 나가요. 시끄러운 소리라고 하고."
(싸오: 가명, 태국 출신, 한국생활 6년―2006년 인터뷰에서)

"한국에서는 남자, 여자가 분명히 구분되어 있어서 남편은 밖에 나가서 일하고 대부분 결혼한 부인은 집에만 있으면서 집안 돌봐요. 일하지 않고. 태국에서는 그렇지 않아요. 남편과 부인이 함께 밖에서 일하는데. (나도) 남편이랑 이야기 했었는데 일하고 싶다고, 남편은 "한국에서는 여자는 집안일 하고 남자가 일하는 거"라고 했어요 …… 교회에서(도) 그랬어요. 한국에서는 집안일은 모두 부인이 한다고 남자는 안한다고. 남자는 나가서 일한다고 가르쳤어요."(드언: 가명, 태국 출신, 한국생활 5년 - 2006년 인터뷰에서)

한국사회는 대화의 상대가 아니라 이야기를 듣는 대상으로 보는 경향

자신을 향한 요구에 대해 결혼이주여성들은 소극적으로 순응하기 보다는 반복적으로 문제를 제기하고 대안을 제시하기도 한다. 하지만 가족을 포함해 한국사회에서 자신들의 문제제기와 요구에 귀 기울이고 함께 대안을 찾아가는 이들을 찾기는 어려운 현실이다.

물론 가족을 포함해 적지 않은 이들이 낯선 곳에서 살아가는 어려움을 이해하고 나름대로 도와주려 하기도 하나, 그 이해와 노력은 여성들이 겪는 전반적 어려움, 여성들이 기대하는 자신의 모습, 여성들이 바라는 가족관계와 사회 전반의 모습을 향해 있기 보다는 다양한 어려움 가운데 일부, 여성들이 제기하는 바의 일부만을 대상으로 하고 있다. 가족들은 끊임없이 '가내 역할 3종 세트', 즉 집안에서 부인으로서 일상적 가사 서비스를 제공하고 한국인 아이의 양육자로서 무리 없이 역할을 해나가며 며느리로서 시댁에 충실한 존재로서의 모습을 갖춰가도록 강조한다. 주위의 기관이나 단체에서도 한국어 교육과 한국요리 강습, 전통예절 교육 등을 집중적으로 시행하며 음으로 양으로 이러한 측면에 부응하고 있다.

이처럼 이주여성들의 요구와 문제제기 자체에 귀를 기울이고 함께 대안을 찾기보다는 그 가운데 몇몇 측면, 특히 자신들이 원하는 몇몇 측면에 눈과 귀를 집중시키고 그 이외의 목소리는 인식하지 못하는 것은 단지 가족이나 몇몇 관련자들만의 문제는 아닌 듯하다. 한국사회 전반에서도 이와 맞닿아 있는 태도의 모순을 발견할 수 있기 때문이다.

사실, 동아시아 개도국 출신 결혼이주여성은 다소 부정적인 존재로 한국사회에 등장하였다. 1990년대 초 '조선족' 여성의 사기결혼이 사회적 논란거리가 된 것을 비롯해 1990년대 중반부터는 특정 종교단체를 통해, 그리고 보다 최근에는 결혼중개업체를 통해 결혼한 여성들을 자신의 삶을 꾸려 가는 데 있어 최소한의 권한조차 결여한 '무기력한' 존재, 애정 없이 결혼해 불행한 삶을 살 것이 자명한 '불쌍한' 존재로 여기는 경향이 지배적이었다.

현재 결혼이주여성을 바라보는 한국사회의 지배적 시각은 이들을 피해자·약자로 보는 담론에서 크게 벗어나지 않는다. 이와 동시에 '비정상적인' 결혼과정을 극복하고서 '정상적인' 가족관계를 만들어낸 여성에게는 찬사가 이어진다. 반면, '정상적인' 가족관계란 어떠한 모습인지, 이를 구현하기 위해 가족원들, 특히 여성과 남성은 어떠한 역할을 해야 하는지 등에 대해 문제를 제기하고 자신의 가족, 나아가 '한국사회' 전반에 변화를 요구하는 결혼이주여성의 또 다른 모습은 무대 뒤에 가려져 있다. 결혼이주여성에 대한 사회적 관심이 분출하고 관련 정책이 봇물을 이루고 있으면서도 이들은 아직 보호와 교육의 대상으로 받아들여질 뿐 사회 곳곳에서 동료이자 친구로서 함께 문제를 찾아내고 해결하면서 미래를 일궈가는 이들의 모습은 아직 익숙하지 않은 것이 사실이다.

끊어진 채로 방치되었던 '소통의 다리' 이어가야

한편에서는 여성들의 한국어 수준이 향상되면 한국사회의 완벽한 일원으로 살아갈 수 있을 것이라는 기대가 제기되기도 하지만, 상당 수준의 한국어를 구사하는 이들 역시 같은 문제를 지적하고 있을 뿐 아니라 오히려 한국어 이해 수준이 높아질수록 문제의식이 심화되어 가는 것을 보면 단지 기술적 차원의 언어소통 문제로 귀결시키기는 힘든 것으로 보인다. 언어의 문제 이면에는 이들이 한국보다 경제개발 수준이 뒤처진 국가 출신이라는 사실과 문화적 차이라는 빙산이 존재한다. 물론 결혼이주여성과 함께 갑자기 한국사회에 개도국 출신자들이 등장하고 문화적 차이가 생겨난 것은 아니다. 다만 이들과 함께 차이의 스펙트럼이 확대되고 서로 다른 문화적 배경을 지닌 존재가 일상을 공유하게 되면서 그간 문화적 차이에 대한 무관심 속에서 이를 둘러싼 사회적 기제를 준비하지 못했던 한국사회 앞에 결코 만만치 않은 과제가 던져진 것이다.

흔히 문화는 프리즘에 비유된다. 이 프리즘을 통해 세상을 보고 상대를 평가하며 자신의 행동과 사고의 지향을 형성하고 정당화해 나간다는 의미에서다. 이 프리즘은 그것을 끼고 있는 인간이 그 사실을 망각할 때, 자신이 낀 것과 다른 프리즘의 존재를 인정하지 않을 때 갈등의 불씨로 자라난다. 각자 자신의 틀을 절대시하면서 그것을 기준으로 상대에 대한 기대를 형성하고 평가하기 때문이다. 게다가 동아시아 개도국 출신 결혼이주여성들처럼 상대가 사회경제적으로 낮은 지위에 있는 것으로 판정된다면 문제는 더욱 복잡해지기 마련이다.

이러한 관계 속에서 필요한 것은 각자가 끼고 있던 프리즘을 잠시 벗고 상대방의 프리즘을 써보면서 서로를 이해하는 기회를 갖는 것이다. 나아가 프리즘의 차이를 인정하고 소통을 통해 서로에게 알맞은 새로운 프리즘을 만들어갈 수 있다면 더 없이 이상적일 것이다. 다만 문제는 이러한 과정이 생각만큼 쉽고 빠르게 진전되지 않는다는 데 있다.

요사이 한국사회에는 가히 '열풍'이라 할 만큼 '다문화사회'에 대한 관심과 논의가 폭발적으로 일고 있다. 그런데 한편에서는 현재의 열풍을 통해 다문화사회로의 변화에 적합한 사회관계의 질서가 정착되어 갈 것인지에 대해 의문이 제기되고 있다. 대부분 피상적 모토로서 '다문화사회'가 반복적으로 강조될 뿐 정작 서로 다른 민족적, 문화적 배경을 지닌 시민들이 어떻게 생활 곳곳에서 만나 관계를 만들어가고 있는지 비판적으로 점검하고 앞으로 어떠한 관계를 만들어가야 할지, 이를 위해서는 어떠한 사회적 실천이 이루어져야 하는지 등에 대한 논의는 열풍의 강도만큼 진척되지 못하고 있기 때문이다.

결국 민족적, 문화적 배경이 서로 다른 이들이 함께 어울려 살아가면서 생산적 에너지를 창출할 수 있는 사회질서를 향한 첫걸음은 지금 나로부터 시작될 것이다. 나에게는 생활의 관심사를 공유하고 미래를 함께 만들어 갈 동료이자 친구, 이웃인 결혼이주여성이 있는가? 나는 이들의 다양한 문제제기와 요구에 얼마나 귀 기울이고 있는가? 나는 이들의 목소리를 이해하고 응답할 능력을 얼마나 가지고 있는가? 결혼이주여성들은 바로 이러한 점을 자문해보고 대안을 찾을 수 있는 기회를 만들어 주었다. 이제, 나의 차례다.

📖 관 련 서 적 소 개

① 마르코 마르티니엘로 지음, 『현대사회와 다문화주의』(한울, 2002·원본 1997).

　　다문화사회의 전개과정에서 야기될 수 있는 각종 문제에 대한 해결책으로 소위 '다문화주의'가 제시되고 있다. 그러나 다문화주의는 혼란스럽고 다의적일 뿐 아니라 다분히 논쟁적인 성격을 지니고 있어 모든 사회에 통용되는 궁극적 해결책이 되기 어렵다. 이 책에서는 역사적 맥락에서 발전되어온 다양한 다문화주의 접근을 비교 분석함으로써 다문화주의의 구체적인 내용을 채워가는 것은 결국 각 사회의 몫이라는 점을 강조하고 있다. 또한 다문화주의는 민주주의 이념과 사회 정의에 대한 신념, 이를 실현해갈 수 있는 실천적 역량이라는 뿌리 위에서만 본연의 가치를 꽃피울 수 있다는 가장 기본적인, 그러나 쉽게 간과되는 점도 다시 확인할 수 있게 해준다.

② 김이선·한건수·김민정 지음, 『여성 결혼이민자의 문화적 갈등 경험과 소통 증진을 위한 정책과제』(한국여성개발원, 현 한국여성정책연구원, 2006).

　　한국사회의 다문화사회에 대한 관심은 결혼이주여성(여성 결혼이민자)을 중심으로 전개되고 있다. 그러나, 정작 국경을 넘어 온 결혼이주여성들이 문화적 차이를 둘러싸고 가족을 위시한 한국인들과 대면하면서 경험하는 구체적인 갈등과 소통의 양상을 다루는 저작은 제한되어 있다. 이 책은 이러한 면에 천착하여 '다문화 담론의 홍수' 이면에 만연되어 있는 한국사회의 동화 중심적 시각, 전통적 가부장제 문화 등을 비판하며 다문화사회로의 이행을 위한 정책의 대안적 방향을 제시하고 있다.

③ 김이선·황정미·이진영 지음, 『다문화사회로의 이행을 위한 정책 패러다임 구축(Ⅰ): 한국사회의 수용 현실과 정책과제』(한국여성정책연구원, 2007).

　　이주민 증가에 따른 다문화사회로의 이행 과정을 다수자 집단이 어떻게 받아들이는가 하는 것은 다문화사회의 향방을 가늠할 핵심적인 문제다. 이 주제에 대해 국내외 6개 기관이 연구한 결과를 집대성한 이 책은 한국사회의 수용성을 입체적으로 조명하고 있다. 현재 한국사회는 이주민 증가와 문화 다양성에 대해 표면적이나마 관용적인 태도를 취하는 듯 보이나, 앞으로는 부정적 선회 가능성이 크다는 점을 지적하며 긍정적 전개 가능성을 높이기 위한 시민적 차원의 실천이 무엇보다 중요한 시점임을 강조하고 있다.

④ 유네스코 아시아·태평양 국제이해교육원 엮음, 『다문화사회의 이해』(동녘, 2008).

최근 한국사회에서는 다문화사회에 대한 논의가 급팽창하고 있다. 하지만 현재의 논의를 통해 일정한 사회적 합의에 도달할 것이라는 기대를 가지고 있는 이들은 찾아보기 어렵다. 이러한 혼란 속에서 인류학, 교육학, 언어학 등 여러 분야의 학자들이 다문화사회에 대한 논의의 기초를 새롭게 다지기 위해 펴낸 책으로 흔히 사용되는 개념을 정돈하고 반드시 짚어가야 할 현실의 문제와 이론적 쟁점, 해외 사례 등을 다루고 있다.

동아시아의 한국학을 위해

홍정선
인하대 한국어문학과 교수

한·중 간의 교류가 활발해지면서 중국 대학에서 한국어와 한국 문화를 가르치는 학과 및 강좌 개설이 늘고 있다.
사진은 중국 칭화대 도서관에서 공부하는 대학생들

최근 중국, 몽골, 베트남 등 동아시아 각국의 대학들은 경쟁적으로 한국학 관련 학과를 설치하고 있다. 주로 '한국어과'라는 명칭으로 설치되는 한국학 관련 학과의 숫자는, 4년제 대학만 꼽아도 중국에 50여 개 대학,

몽골에 20여 개 대학, 베트남에 15개 대학에 이르고 있다. 여기에 인도네시아, 말레이시아, 필리핀, 태국, 인도 등에 설치된 한국어과의 숫자를 더한다면 동아시아 각국에 설치된 한국학 관련 학과는 100개를 넘어설 것으로 추산된다. 여기에 2년제 혹은 3년제 대학에 설치된 한국어과까지 합한다면 그 숫자는 150개를 넘어설 것으로 예상된다.

그렇다면 이처럼 동아시아 각국에서 최근 경쟁적으로 한국학과를 설치한 이유는 무엇일까? 그동안 이데올로기 문제로 소원해져 있었던 관계를 청산하고 한국과의 관계를 본격적으로 정상화하기 위한 열망이 그렇게 만든 것일까, 아니면 한국의 경제발전과 정치적 민주화를 선망하며 뒤따르고 싶었기 때문일까? 그런 점도 없지는 않다. 그렇지만 유감스럽게도 그것이 결정적인 이유는 아니다. 동아시아 각국이 한국학과 아니 한국어과를 경쟁적으로 설치한 이유는 진정으로 한국을 배우고 싶어서가 아니다.

동아시아 각국의 대학들이 한국어과를 설치하는 근본적인 이유는 단도직입적으로 말해 한국 기업에 인력을 공급하기 위해서다. 이들 국가에 진출하는 한국 기업의 수가 많아지면서 한국어를 구사할 수 있는 인력에 대한 수요가 빠르게 늘어난 것이 결정적 이유인 것이다. 한국 기업의 진출로 인해 한국어과 출신들이 쉽게 취업하는 분위기가 만들어졌고, 이 같은 분위기가 동아시아 각국에서 한국학 관련 학과의 설치를 부채질한 것이다.

그렇기 때문에 우리는 동아시아 각국에서 늘어나는 한국어과의 숫자를 곧바로 한국학에 대한 관심의 증대로 착각하는 오류를 범해서는 안 된다. 학과 명칭이 '한국어과/조선어과'라는 사실에서 알 수 있듯이, 그리고 이들

학과 거의 대부분이 회화교육을 집중적으로 하는 외국어 대학 내에 설치된 사실에서 알 수 있듯이 교육목표와 교육방식은 취업을 위한 한국어 습득에 맞추어져 있으며, 학문적 차원의 한국학에 대한 관심과는 아직 먼 거리에 놓여 있는 것이다.

동아시아 각국에서는 최근 한국어 구사 인력에 대한 수용이 폭발적으로 늘어나면서 여기에 대응하기 위해 한국어과를 경쟁적으로 만들었기 때문에 대학답게 학문적 차원에서 학생들을 가르칠 수 있는 준비가 제대로 되어 있지 않다. 예컨대 이들 한국어과의 교과 과정은 대부분 듣기, 말하기, 쓰기 위주로 짜여 있으며, 이러한 교육의 목표는 4년 동안에 한국어 능력검정시험 6급에 합격하는 것으로 모아져 있다. 또 학생을 가르칠 수 있는 전문 인력 양성이 제대로 이루어지지 않은 상태에서 학과가 설치된 까닭에 중국의 경우 다수의 대학들이 학사학위 혹은 석사학위를 가진 조선족들로 교수진을 구성하고 있다. 한편 몽골과 베트남의 경우는 중국보다 교수 공급 사정이 더욱 나빠서 현지 유학생과 한국국제협력단KOICA 등에서 파견한 지원 인력으로 교수진을 구성하는 실정이다.

이러한 현실로 말미암아 동아시아 각국에 한국학 관련 학과의 수는 폭발적으로 늘어났지만 한국학의 본격적인 교류는 여러 가지 측면에서 어려움을 겪고 있다. 언어, 문학, 역사, 철학 등 인문학의 핵심적 분야를 가르칠 수 있는 인력이나 교과 과정마저 온전하게 구비되어 있지 못한 현실이 1차적으로 한국학의 본격적이고 정상적인 교류를 가로막고 있다. 오로지 언어 습득에 집중된 관심을 어떻게 문학과 역사와 철학에 대한 균형잡힌 관심으로 교정하여 제대로 된 한국학 교육으로 바꿀 수 있을 것인가 하는 어려움에 우리는 직면한 셈이다.

　그렇지만 동아시아 각국의 한국학에 대해 우리는 어려움을 한탄해야 할 시점에 있지 않다. 구미 각국에서 한국학과들이 처한 실정을 돌이켜보면 이 어려움은 오히려 즐거운 비명일 수도 있다는 사실을 우리는 간파할 필요가 있다. 1980년대 이후 우리나라는 구미 각국의 유수한 대학에 한국학과를 건설하고 정착시키기 위해 적지 않은 노력과 지원금을 소모했지만 그 실적은 참담하기 짝이 없다. 상당한 지원에도 불구하고 한국학은 일본학, 중국학, 인도학 등의 위세에 눌려 구미 각국에서 답보 상태에 있거나 오히려 퇴보했기 때문이다. 그래서 지금 현재 한국의 지원이 끊어지면 언제든지 문을 닫을 준비가 되어 있는 것이 구미 각국의 한국학과들이 처한 실정이란 점을 우리는 떠올려볼 필요가 있는 것이다. 이런 사정에 비추어 볼 때 한국의 경제적 지원 없이 동아시아 국가의 대학들이 앞다투어 한국어과를 만드는 현실을 우리는 한국학을 전파하고 정착시킬 수 있는 절호의 기회, 유사 이래 처음 찾아온 좋은 기회로 인식할 필요가 있다. 그리고 이들 동아시아 국가와 한국학의 올바른 교류가 이루어지도록 만들기 위해 우리는 다음과 같은 일을 차근차근 진행해 나가야 한다.

　첫째, 동아시아 각국의 대학에서 학사학위나 석사학위를 소지하고 학생교육에 종사하는 현지 인력들을 유치하여 한 차원 높은 고급 인력으로 키워주는 프로그램을 활발하게 가동시켜야 한다. 그리하여 이들이 한국학에 대한 전문연구자의 수준으로 자랄 수 있도록 만들어야 한국학에 대한 교육과 연구의 질이 높아질 수 있다.

　둘째, 낮은 차원의 한국어 교육 중심으로 짜여진 교과 과정을 인문한국학을 고르게 교육할 수 있는 교과 과정으로 개편해 나갈 수 있는 환경을 만들어주어야 한다. 그러기 위해서는 적극적으로 한국의 권위 있는 전문 인력을 이들 대학에 파견하여 직접적 도움을 주는 일과 함께, 현지에 진출한 한국의 기업들이 한국어 이외에 한국의 역사와 풍속, 한국인의 생활과 사고방식 등을 잘 이해하는 인력을 우선적으로 채용하는 풍토를 조성할 필요가 있다.

셋째, 장기적인 안목으로 한국인 학생들과 동아시아 각국에서 학부과정을 졸업한 우수한 학생들을 국비장학생 또는 각 대학 한국학 관련 학과의 특별 장학생으로 받아들여 한국학 전문연구자로 키워나가야 한다. 이들 국가에서 필요로 하는 교수 인력을 비롯한 전문연구 인력의 수요를 정확히 산정하고 예견하면서 한국학을 제대로 가르칠 수 있는 내국인 전문인력과 한국을 올바르게 이해하고 함께 동반자가 되어줄 지한파 외국인 연구자를 함께 체계적으로 양성해 나갈 필요가 있는 것이다.

1992년 한·중수교를 맺은 이래 한국과 중국의 관계는 정치·경제·문화 등 거의 모든 분야에서 무서운 속도로 한국과 미국의 관계에 버금갈 정도로 가까워졌지만 진정으로 서로가 서로를 마음 깊은 곳에서 이해하고 사랑하게 만들어 줄 수 있는 한국학과 중국학의 발전은 그 속도를 따라가지 못하고 있다. 이런 모습을 성찰하며 우리는 한국학을 통해 동아시아 각국의 권위 있는 지식인, 교육기관, 연구기관들이 우리나라의 문화와 풍속을 이해하고 한국과 한국인을 사랑할 수 있도록 노력할 때가 되었다. 그렇지 않다면 동아시아 각국의 한국어 열풍은 한국학으로 발전하지 못한 채 잠시 우리를 들뜨게 만든 허상으로 끝나버릴지도 모른다.

▌한국어과와 조선어과의 병존 현상

'조선'과 '한국'이라는 명칭은 이데올로기 대립이 낳은 분단국의 현실을 동아시아 국가들이 반영한 결과라 할 수 있다. 중국, 몽골, 베트남 등 과거 사회주의 국가였던 나라들은 한국과 교류하기 이전에 북한과 긴밀한 관계를 맺고 있었으며, 이들 국가 중 특히 중국은 공식적으로 북한과 '피로 맺은 형제血盟之友' 관계를 강조하기 때문에 '조선'이라는 표기를 여러 분야에서 사용하고 있다.

중국의 경우 한국어 관련 학과가 최초로 설치된 것은 1946년 2월로 국립남경대학 동방어문 전업학교에 한어과韓語科를 병설한 것이 시초다. 그 후 이 학과는 사회주의 정권 성립 직후인 1949년 10월 동방어문전업학교가 북경대학에 합쳐지면서 북경대학 조선어 전업으로 소속과 명칭이 바뀌었다. 한편 중국의 소수 민족 정책에 따라 1949년 연변대학에 '조선어언문학학과'(약칭 조문학과)가 만들어지면서 북경대학의 조선어 전업 학생들도 일시적으로 연변대학에 와서 교육을 받았던 시기가 있었다. 이후 연변대학은 조선어와 조선문학에 관한 한 박사학위까지 수여할 수 있는 가장 권위 있는 대학으로 자리 잡았지만 경제협력이 가속화되고 한중수교가 이루어지면서 양상이 달라졌다. 빠른 속도로 발전하는 연해 각지의 주요 대학들이 한국어문학과를 설치하고 대학원과정을 개설하여 학위 수여권까지 취득하면서 연변대학의 위상에 변화가 오고 있다.

'한국어과'라는 명칭은 사회주의 국가들이 사회주의체제를 버리고 시장경제체제를 채택하면서 한국과의 경제적 유대가 긴밀해짐에 따라 채택한 명칭이다. 그렇지만 중국의 경우 북경대학, 연변대학, 길림대학 등 몇몇의 주요 대학에서는 여전히 '조문계' 혹은 '조선어전업' 등의 명칭을 고수하고 있는데, 이는 북한과의 정치적 관계를 고려한 때문이라 할 수 있다. 그 결과 중국 대학들의 경우 현재 '조선어과'와 '한국어과'라는 명칭이 병존하고 있는 실정이다.

관련 서적 소개

① 정문길 외 지음,『동아시아, 문제와 시각 - 서남학술총서 1』(문학과지성사, 1995).

　　이 책은 동아시아 문제를 올바르게 바라볼 수 있는 시각을 제공해 준다. 고병익, 박이문, 최원식, 이성규, 김지하 등 국내외 최고의 석학들이 펼치는 해박하고 무게 있는 이야기를 통해 우리는 동아시아 한국학을 어떤 바탕과 문제의식에서 시작해야 할지에 대해 의미있는 시사를 받을 수 있다. 특히 사회주의 체제의 붕괴 이후의 올바른 방향에 대한 진지한 모색을 읽을 수 있다.

②『해외 한국학 백서』(한국국제교류재단, 2007).

　　해외의 한국학 교육기관 및 연구기관이 언제 어떻게 창립되었으며, 종사하는 인력과 개설된 강좌와 프로그램에는 어떤 것이 있는지를 소개하고 있는 책이다. 일부 부정확하거나 틀린 부분들이 있지만 이처럼 방대하게 정보를 수집해 놓은 책이 없다는 점에서 획기적이라 할 수 있다. 해외의 한국학 교육 및 연구실태를 파악할 때 반드시 참고해야 할 책이다.

③ 인하BK21 한국학사업단 엮음,『동아시아 한국학 입문』(도서출판 역락, 2008).

　　동아시아 한국학을 어떤 시각과 방법으로 개척해야 할 것이며, 이들 국가에서 한국학은 현재 어떤 상태에 놓여있고, 그 문제점을 극복하기 위해서는 무엇부터 해야 할 것인지를 원론적인 차원에서 검토한 글들을 모아 놓은 책이다. 중국, 일본, 몽골, 베트남, 말레이시아의 구체적 사례를 바탕으로 한국학 발전을 위한 원론적 접근을 시도하고 있다.

호주 속의 한국학

판카즈 모한
시드니대 한국학과 교수

한국과 호주는 지리적으로 또한 역사적으로 먼 나라이기도 하지만 가까운 나라이기도 하다. 70년대까지 백호주의에 바탕을 둔 호주의 기본 정책이나 서구 문화권의 구성원으로서의 호주인의 지나친 자부심을 살펴보면 상당한 차이점도 역시 많다. 그러나 80년대에 접어들면서 호주가 백호주의의 구속에서 벗어나 아시아를 포용하기 시작하였으며 그때부터 호주는 한국인에게 너무 가깝지도 너무 멀지도 않은 나라로 인식돼 왔다.

호주는 한국전쟁 당시 8047명의 군인을 파견하여 혈맹국으로서의 우호관계를 맺었다. 그러나 한국의 정치적인 혼란으로 말미암아 1980년대 말까지 호주의 지식인들은 한국에 대하여 무관심하거나 비판적인 태도를 갖고 있었다. 1978년 호주의 저명한 동양사학자인 개번 매코맥Gavan McCormack 교수가 『날로 심화되어가는 위기의 나라 한국』이라는 제목으로 책 한권을 출간했는데, 그것은 유신시대의 비극을 다룬 내용이었다. 그러나 80년대 후반기에 접어들어 한국이 높은 경제 성장을 보이고 민주화를 이루면서 한국에 대한 인식이 변화하기 시작했다. 한국과 호주 두 나라 간의 관계도

1980년대 이후 한국과 호주 간의 교류협력이 강화되면서 호주 대학에서의 한국학 연구도 점차 활기를 띠고 있다.
사진은 호주의 대학 캠퍼스와 대학생들의 모습

1980년대 후반부터 긴밀하게 유지되었고 정치·경제·안보협력 등 제반 분야로 우호 협력관계가 확대됐다. 80년대 말 쯤 노동당이 집권하면서 호주는 서양의 일원으로서보다는 지리적으로 근접 지역인 아시아의 일원으로 국가 운영 방향을 바꾸어갔다. 이에 따라 한국에 대한 관심도 급격히 높아졌다.

가너R. Garnaut 교수는 1989년 호주 연방정부의 프로젝트로 "호주와 동북아시아의 흥기Australia and the Northeast Asian Ascendancy"라는 제목으로 보고서를 작성했는데, 이는 호주 정부의 한국 인식에 크게 영향을 미쳤다. 이 가너 보고서에 힘입어 호주에서 한국어가 아시아 4개 핵심언어 중 하나로 지정되기도 했다. 한국은 호주가 중시한 아시아 4개 국가에 포함되면서 1992년도에는 호·한재단Australia-Korea Foundation이 설립되기도 했다. 호·한재단은 호주

외무부 산하재단으로서 교육, 예술, 문화, 언론 등의 여러 분야에 걸쳐 한국과 호주 간의 인적 교류를 통하여 두 나라의 관계 개선 및 강화 목적으로 하고 있다. 이 무렵 호주국립대, 시드니대, 뉴사우스 웨일즈대NSW, 모내시대 등 호주의 주요 대학에 한국어 프로그램이 설치되었다. 초·중·고등학교에서도 한국어 교육이 시작되었다. 한국학의 이러한 팽창을 기반으로 1994년에는 호주·뉴질랜드 한국학연구회가 설립되었다. 2000년 뉴사우스 웨일즈대는 한국학과 한국어에 대한 보다 체계적인 연구를 목적으로 한다는 취지에서 호·한연구소를 설립하였다.

한편 호주국립대학교Australian National University가 연세대학교와 연계해 2008년 8월 15일 한국학연구소Korea Institute 설립 기념식을 개최하였으며 기념식에는 연세대학교와 한국학 공동연구를 위한 MOU(양해각서) 체결식도 진행되었다. 2008년 8월 11일 서울에서 열린 양국 간의 정상회담에서 특별히 연구소 출범에 대한 언급이 있었다는 점이 한국에 대한 호주 현 정권의 관심과 공약으로 해석된다. 호주국립대학의 이안 첩Ian Chubb 총장은 축사를 통해 "한국학연구소 설립이 국내 한국학과 한국어 연구를 활성화시키고 호주 정부의 아태지역 관련 제반 정책 수립에도 크게 기여하고, 한·호 간의 우호관계 증진의 교량 역할도 충실히 해나갈 수 있을 것"이라고 말했다.

그러나 아쉽게도 양국 간의 교역 규모를 감안할 때 호주 내 한국학의 위치는 튼튼하지 않은 실정이다. 현재 호주의 대학에서 한국어를 배우는 학생 가운데 대다수는 한류에 매료된 중국계 학생이다. 뉴사우스 웨일즈대의 대입수능시험인 HSC에서 비非한국인들이 응시하는 '외국어로서의 한국어 초급과정beginners course'에 매년 겨우 한 두명 정도가 지원하는 것도 호주

내 한국어 교육의 건강상태를 우려하게 하는 일이다.

한편 호주 속의 한국, 또는 한국학을 얘기할 때 호주에 건너온 한국교민의 존재를 간과할 수 없다. 한국인의 호주 이민 역사는 베트남 패망 직전인 1974년부터 시작된다. 1976년 호주 내 한국인 거주자 수는 1460명에 불과했다. 그러나 1986년에는 9285명으로 6배나 증가했다. 호주 통계국이 발표한 '2001년 인구센서스 종합 자료'에 따르면 호주 내 한인 인구는 4만 2564명이나 된다. 2006년 통계에 의하면 9만 4000명에 달한다. 이들 한국 교민 가운데 약 6만 5000명이 시드니 지역에서 거주하고 있다. 현재 이스트우드, 어번, 캠시 등 한국인 인구가 많은 지역에 있는 경찰서에는 동포출신 소수민족사회 연락관 Ethnic Community Liaison Officer 들이 배치되어 있다.

한국과 호주 간의 관계 증진을 위해서는 인적 교류가 매우 중요하다. 2006년 2만 5000명의 한국인 관광객이 호주를 방문했다. 호주대학에 유학와서 공부하고 있는 한국인은 3만 2000명에 달한다. 호주 유학이 미국과 유럽보다 싸고 시드니대, 호주국립대, 멜버른대, 뉴사우스 웨일즈대, 모내시대 등이 세계 100위권 안에 랭크될 정도로 유명하기 때문이다. 또한 호주의 40여 개 대학은 한국의 100여 개 대학과 자매결연을 맺고 교환프로그램을 운영하고 있다.

20년 전만 해도 일반적으로 한국인에게 호주는 너무나 먼 곳에 있었다. '백호주의'로 대표되는 인종차별의 나라로 비춰졌다. 그러나 그동안의 경제협력관계 강화를 비롯한 여러 분야에 걸친 활발한 교류 덕분에 현재 양국은 국제 무대에서 서로 손을 잡고 동반자 관계를 유지하고 있다. 호주 내에 한국인이 만든 단체들이 많은데 이들은 모두 한국인 2세의 가슴 속에 한국에 대한 애정을 심으려 꾸준히 노력하고 있다. 예를 들면 재호 한인상공인 연합회는 매년 장학생 몇명을 선발해 한국 교육부 산하 국제교류진흥원이 주관하는 '동포학생 동계학교'를 다닐 수 있는 기회를 마련하여 한국인 부모에게서 태어난 2세들이 한국을 더욱 가깝게 느낄 수 있게 하고 있다. 호주인들도 한국이라는 나라에 대해 더욱 호감을 가지고 계속해서 한국과의 밀접한 관계를 이어가길 희망한다.

4. 동아시아의 디아스포라

디아스포라와 트랜스내셔널 | 임성모
초국가 시대의 코리안 디아스포라 | 권숙인
한국화교의 현주소 | 왕은미

디아스포라와 트랜스내셔널

임성모
연세대 사학과 조교수

디아스포라의 어원과 특징

디아스포라의 어원은 그리스어 '디아스페레인diaspeirein'이다. '디아'는 여러 방향으로through, '스페레인'은 씨를 뿌린다to scatter는 뜻이다. 디아스포라는 원래 고대 그리스인들이 인근의 소아시아 및 지중해 지역을 정복한 뒤 자국민을 이주시켜 식민지를 건설한 것을 가리켰다. 그러나 대개

누스바움의 "유대인 증명서를 들고 있는 자화상"
막다른 골목에 갇힌 사내가 검문하는 관원에게
외국인등록증을 내보이는 그림으로, 사내는 난민 일반을 표상한다

디아스포라는 유대인의 이산 체험, 즉 소위 바빌론 유수 이후 팔레스타인 밖으로 강제이주를 당한 역사적 고난의 경험을 가리키는 부정적 의미로 사용되어 왔다. 이후로 디아스포라는 이스라엘 역사의 좁은 맥락을 뛰어넘어 유대인뿐 아니라 구미의 아프리카인·인도인이나 아시아의 화교·화인처럼 세계 도처에 산재하는 민족의 역사적 존재형태를 뜻하게 되었다. 현재 디아스포라는 근대 제국주의와 식민주의의 파고 아래서 발생한 수많은 난민, 이주 노동자, 망명자, 소수민족 공동체 등을 포괄하는, 훨씬 더 넓은 의미의 용어로 사용되고 있다.

사회학자 코헨Cohen은 디아스포라의 특징을 다음과 같이 개괄한 바 있다. 즉 ① 강제적 혹은 자발적 형태로 모국에서 타국으로의 이동, ② 모국에 대한 집합적 기억과 신화, ③ 상상의 조국의 이상화와 그 복원, 유지, 번영을 위한 집합적 헌신, ④ 공통의 역사와 공동운명체 의식에 근거한 지속적 집단의식 형성, ⑤ 거주국 사회와의 갈등적 관계와 모국귀환운동, ⑥ 타국 동족과의 감정이입과 연대감, ⑦ 다문화주의를 허용하는 거주국에서의 창조적 생활의 가능성 등이 그것이다. 종래 비자발적 이주에 국한되어온 개념을 확장시켜 자발적 이주까지 포괄하면서 조국과의 관계 및 민족적 정체성의 유지, 초국적 네트워크 형성의 의지라는 공통의 역사적 특징을 지적한 것이다. 물론 이것은 어디까지나 이념형일 뿐이어서 현실의 다양한 디아스포라들을 망라할 수는 없지만 역사적인 시각에서 접근할 때에 유용한 분석이다.

거주국과 조국의 틈새

근대 제국주의의 산물인 디아스포라는 주로 식민지 지배라는 구조적 요인에 의해 타국으로 이주한 뒤에도 조국과의 관계와 민족적 정체성을 유지하며 초국적 네트워크의 형성을 지향한다. 디아스포라 사회는 대개 제국주의 전쟁이나 박해에서 벗어나거나 경제적 기회를 얻기 위한 월경越境 또는 국가의 강제이주를 통해 성립되기 때문에 거주국과 조국의 틈새에서 각종 난관에 봉착하게 된다. 먼저 거주국에서는 자국 사회와 이질적인 디아스포라의 존재를 어떻게 수용해 국민통합을 이룰 것인지가 중요한 사회 문제로 대두한다. 이 과정에서 터키인이나 무슬림에 대한 서유럽의 외국인혐오증xenophobia처럼 소수자의 권리를 둘러싸고 심각한 정치문제로 발전하는 사례가 생겨난다. 스리랑카의 타미르인 디아스포라처럼 당국의 극단적 억압이 분리운동을 유발하거나 인접국의 정치적 개입을 초래하는 경우도 있다.

한편 디아스포라와 조국의 관계는 상상된 문화적 귀속감이나 정치경제적 연계성 등 복합적 요인에 의해 형성된다. 이른바 '원격지 민족주의 long-distance nationalism'의 대표격인 미국 유대인 사회는 거주국의 국익에 편승해 조국 이스라엘에 유리한 로비를 벌여 논란을 야기한다. 반면, 프랑스의 마그리브인 사회처럼 이슬람 원리주의를 둘러싼 정치적 대립의 와중에서 양쪽 반체제파의 거점이 되는 경우도 있다.

동아시아의 경우, 일본은 유일한 제국주의 국가로서 미국과 브라질 등 미주 지역을 제외하고는 국외이주가 정착형 이주로 이어지지 못한 예외적 사례인 반면, 중국의 화교는 인도네시아 등 동남아 지역을 중심으로 방대한 디아스포라 사회를 창출했다. 그러나 인구비례상 무려 1할에 달하는 한민족 디아스포라는 동아시아 최대의 디아스포라였다고 하겠다. 한민족 디아스포라의 경우에도 거주국과 조국에서의 반발 요인은 거셌다. 일본의 한국병합 이후 만주로 이주한 조선인 디아스포라는 거주지에서 중국과 일본의 이중국적 상황에 놓이게 되면서 양국 민족주의의 충돌을 온몸으로 견뎌내야 했다. 또 일본의 재일조선인에게 조국의 분단 상황은 직접적인 영향을 끼쳐 민단과 총련의 갈등은 어떤 경우 조국의 체제갈등보다 더 증폭된 형태로 재생산되기도 했다.

이처럼 거주국과 조국 사이의 불안정한 균형 위에 자리잡은 디아스포라 사회는 대개 세 가지 대응방식을 보인다. 조국으로 귀환해 그 재건을 지향하거나, 귀환을 포기하고 거주국으로의 동화를 추진하거나, 아니면 거주국에서 독자적 정체성을 유지하며 기본적 인권과 민족적 권리를 추구하는 것이다. 디아스포라가 주목받고 있는 것은 세 번째 대응방식, 즉 귀환도 동화도 모두 거부하며 국민국가라는 제도적 틀의 자명성에 대해 이의를 제기하는 존재이기 때문이다. 그리고 국민국가 시스템에 대한 문제제기는 최근 디아스포라 사회의 또 다른 대응방식의 출현에 의해 더욱 심화되고 있다.

유턴 현상과 트랜스내셔널

그 현상이란 흔히 '유턴 현상'이라고 불리는 디아스포라 사회의 움직임인데, 거주국에서 조국으로의 이주가 비정착('단기'체재) 형태로 진행되는 현상을 가리킨다. 이 현상은 기존의 디아스포라 논의에 새로운 문제를 야기한다. 먼저 기존의 디아스포라 논의가 조국에서 거주국으로의 일방향적 이동을 전제로 한 것이었다면, 이들의 유턴은 거주국에서 조국으로의 방향을 포함하는 쌍방향적 이동을 보여주기 때문이다. 아울러 이러한 쌍방향적 이동의 양상은 디아스포라의 정체성에 조국의 민족정체성과 거주국의 국민정체성이라는 이중정체성을 가져오기 마련이고, 여기서 종래 마이너스의 이미지가 컸던 디아스포라의 이중정체성이 전 지구화의 추세 속에서 이중 언어 사용 등 자원으로서의 플러스 성격을 획득할 수 있는 여지가 그만큼 넓어지기 때문이다.

이렇게 둘 이상의 국민국가를 넘나들며 형성되는 디아스포라의 아래로부터의 사회적 관계망이 조국과 거주국에 모두 연결되는 양상을 '트랜스내셔널transnational'이라 부르는데, 이는 디아스포라 개념의 확장이라고 볼 수 있다. 소위 세계화의 추세는 디아스포라를 더 이상 거주국에만 묶어두지 않는 상황을 초래했고, 그 결과 거주국과 조국이라는 국가nation를 횡단trans하는 디아스포라의 움직임이 생겨난 것이기 때문이다. 그리고 조국과 거주국 간의 경제교류나 문화소통이 증가하는 가운데 디아스포라가 트랜스내셔널한 성격을 갖게 된다면, 그것은 디아스포라 정체성의 변용과 동시에 기존 국민국가라는 시스템 자체의 변용을 요구할 수밖에 없다. 디아스포라의 '실향'은 이제 단순한 상실에 그치지 않고 국민국가 시스템에 의문을 제기하고 국민국가 이후의 미래를 전망하는 적극적 의미를 갖게 되는 셈이다.

동아시아의 트랜스내셔널

동아시아에서 트랜스내셔널의 전형적 사례로는 1980년대 이후의 중국 조선족과 일본계 브라질인 사회를 들 수가 있다. 대부분 식민지 치하의 농업이주 잔류자인 중국 조선족 사회는 거주·이전의 자유가 제한된 호적제도 아래 공동체적 동질성을 유지하면서 중국의 혁명과 국가건설에 참여했다. 이들은 문화대혁명 시기에 소수민족으로서 박해를 당하기도 했지만 쌀농사, 교육투자, 정치참여를 토대로 중국 내 소수민족 가운데 가장 높은 사회경제적 지위에 올랐다. 그러나 중국의 개혁개방이 추진되면서 연변의 실업과 빈곤으로부터 탈출하기 위해 대도시로의 국내이주와 외국으로의 국외이주가 본격화했다.

88올림픽 이후 친지방문 형태로 유입되기 시작한 한국 내 조선족은 현재 20만 명을 넘어섰다. 이들은 한국 법무부의 정책 변화와 맞물려 초기의 불법체류에서 합법체류로 점차 변모해 나가고 있다. 5년 동안 방문과 취업을 자유화하는 소위 '방문취업제'가 2007년 초부터 시행되면서 한국 진출은 확대일로를 밟고 있는 중이다. 한편 1980년대 말의 유학 붐과 IT기술자 모집 등을 통해 일본 진출이 시작되고, 1990년대부터는 코리아타운을 중심으로 단기 취업비자에 의한 미국 진출도 진행되었다. 중요한 것은 이들이 거주국에 정착하지 않고 '단기'라고는 할 수 없으나 극히 유동적인 체류 상태를 선택하고 있다는 점이다. 그리고 이와 비슷한 현상은 1980년대 이후 일본에서도 나타났다.

일본에서는 1980년대 후반부터 '외국인노동자' 문제가 표면화되었는데, 여기에도 국외이민의 유턴 현상이 개재되어 있다. 이 시점부터 주로 브라질 국적의 '일계인' 노동취업이 본격화했기 때문이다. '일계인(닛케이진)'이란 국적을 불문하고 일본 국외에 정착해 있는 일본인 이민과 그 자손을 가리키는 말인데, 특히 남미 지역의 일계인은 '일계 코로니아Colonia japonesa'라고 불린다. 브라질은 1920년대 후반 이래 일계 코로니아의 최대 거점이었다. 일본계 브라질인들은 1980년대부터 일본에 저임금 '출가出嫁' 노동력으로 유입되기 시작해서 아이치, 시즈오카, 가나가와 3개 현을 중심으로 집단거주지를 형성했다. 아이치는 도요타, 시즈오카는 혼다, 가나가와는 닛산 자동차의 하청업체들이 집중된 곳이다. 일본의 자동차 산업은 현재 이들 일본계 브라질인 노동력에 의해서 유지되고 있다고 해도 과언이 아니다. 경제위기에 처한 남미의 '일계인' 청년노동자들이 버블경제하의 일본에 끌리는 한편, 일본 재계는 이들을 국내 말단 노동자층보다 염가에 활용할 수 있었던 것이다.

조선족과 일계 브라질인의 사례는 종래 본국과 거주국의 이분법으로 규정되어온 디아스포라 개념의 확장을 요구하는 동시에, 소수자의 권리에 대한 기존 국민국가의 대응방식에서의 전환을 요구한다. 아울러 이들은 전후에도 국공내전, 한국전쟁, 베트남전쟁 등으로 이어진 냉전 속의 열전 때문에 이산과 난민의 역사로 점철되어온 동아시아 디아스포라의 삶을 좀 더 세계사적인 시각에서 조명할 것도 요구하고 있다.

상상력과 감수성의 촉각

이처럼 트랜스내셔널을 포함한 개념으로서의 디아스포라는 요컨대 국민국가의 다수자, 더 나아가서 국민국가라는 시스템 자체가 가하는 억압과 소외에 맞서서 자신의 뿌리root와 경로route에 대한 기억을 재구축하는 존재다. 그렇게 재구축된 기억 속에서 디아스포라의 '실향', 그리고 '조국'은 새로운 의미로 다가오게 된다. 재일조선인 사상가 서경식은 아랍 소설가 카나파니Kanafani의 유작을 인용해서 이렇게 말한다. 디아스포라에게 조국이란 '식민지 지배와 인종차별처럼 부조리한 모든 일들이 일어나서는 안 되는 곳'이라고. 그렇게 디아스포라는 근대 국민국가를 넘어선 곳에서 '진정한 조국'을 찾고 있는 것이라고 말이다.

서경식은 나치에 희생된 예술가들 가운데 누스바움Nussbaum에 주목한다. 그의 유명한 작품 "유대인 증명서를 들고 있는 자화상"은 막다른 골목에 갇힌 사내가 검문 관헌에게 외국인등록증을 내보이는 그림인데, 그것이 바로 난민 일반의 초상이라는 것이다. 그러나 '국민'의 덫에 걸린 우리는 국가와 분리된다거나 국가가 자신을 추방한다는 것은 상상도 하지 못한다. 신자유주의의 폭력 앞에 스러져 가는 비정규직이나 홈리스의 곤경도 강 건너 불구경이다. 자신도 언제 그런 난민적 상황에 처할지 모른다는 상상력의 부재가 팽배해 있는 지금, 디아스포라는 난민적 상황에 대한 감수성의 소중한 촉각이 아닐 수 없다.

관련 서적 소개

① 에드워드 사이드 지음, 김석희 옮김, 『에드워드 사이드 자서전』(살림, 2001).

    2003년에 작고한 명저 『오리엔탈리즘』의 저자가 팔레스타인 디아스포라로서 자신의 삶을 회고한 책. 문학자로서의 저자가 아니라 팔레스타인 망명 정부의 평의원, 미국의 중동정책에 대한 비판자로서 저자의 고뇌를 엿볼 수 있다. 마치 성장소설과도 같이 디아스포라의 자기 성찰을 실감나게 접하게 해준다.

② 윤인진 지음, 『코리안 디아스포라』(고려대학교출판부, 2004).

    한반도의 근대는 식민지와 전쟁으로 점철된 동아시아 최대의 디아스포라 체험을 겪었다. 이 책은 디아스포라의 개념, 코리안 디아스포라의 계보를 개관해 주는 한편, 중국 조선족, 재일조선인, 러시아 고려인과 미국, 캐나다 한인 사회의 형성 및 정체성에 대해서 친절한 조감도를 제공해 준다.

③ 서경식 지음, 김혜신 옮김, 『디아스포라 기행』(돌베개, 2006).

    코리안 디아스포라인 재일조선인의 시선(이 책의 부제에 따르면 '추방당한 자의 시선')으로 20세기의 폭이 디아스포라에게 남긴 상흔을 추적한 책. 기행문의 형식을 빌려 유럽과 아시아 각지의 디아스포라 문학과 예술을 중심으로 '난민과 국민 사이'에 불안하게 자리잡은 디아스포라의 현실을 비판적으로 고찰한다.

초국가시대의 코리안 디아스포라

권숙인
서울대 인류학과 부교수

1905년 5월12일 멕시코 도착 직후 유카탄 에네켄 농장에서 일하던 한인 이민 1세대들의 모습(사진제공: 연합뉴스)

장면 하나

일본 오사카시 간조선環狀線 쓰루하시鶴橋 역 앞에 서면 언제나 묘한 느낌이 든다. 민족과 국적, 역사와 이데올로기가 엮어낸 '운명의 자장磁場' 같은 것이 흐르는 곳이다. 식민지배의 역사가 낳은 디아스포라 재일한인이 가장 밀집되어 사는 곳. 쓰루하시 역 인근의 이쿠노쿠生野區의 인구 14만 명 중 한인은 약 3만 5000명. 그러나 자장이 보이지 않고 흐르듯 이들도 보이지 않는다. 적어도 입을 열지 않는 한.

서너 해 전 이쿠노쿠 현지조사를 하던 7월 어느 날, 세 명의 재일조선인을 만났다. 모두 우연히. 이른 아침, 숙소에서 쓰루하시 역까지 타고 간 택시의 운전기사는 필자와 동료들이 나누는 한국말을 듣고 자신이 재일한인이라고 (일본말로) 말하였다. 2세. 그동안 "금융업"(사채업)을 했는데, 택시회사를 시작하려고 6개월째 직접 택시기사 일을 '실습'해 보고 있는 중이란다.

같은 날 오후, 교토에서 인터뷰를 끝내고 오사카로 돌아오는 기차 안. 동료 옆에 앉았던 남학생이 우리가 한국에서 왔음을 알고는 반가움을 숨기지 못한다. 교토대 법대에 재학 중인 재일한인 3세. 한국말을 전혀 모르다가 대학에 들어온 후 배우기 시작했단다. 한국의 한 대학 어학당으로 유학할 계획도 세우고 있다. 한국말로 의사소통을 하려고 안쓰러울 정도로 열심히 애를 쓴다. 오히려 추울 정도로 시원하게 냉방이 된 객차 안이었지만, 그가 내린 자리의 면으로 된 하얀 의자커버는 땀으로 흠씬 젖어 있었다.

한 시간쯤 뒤, 서오사카 조선초급학교로 가는 길. 우리가 한국말로 떠드는 것을 듣고 한 아저씨가 길을 막는다. 해방 전 제주도에서 일본으로 건너왔던 부모. 2차 대전 때 어머니를 모시고 제주도로 돌아갔다가 1962년 밀항으로 다시 들어와 살고 있다. 건물 경비로 일하기 때문에 밤에 일을 나간다. 쓰루하시의 카바레 얘기를 한다. 3000엔에 맥주도 한 병 나오고

에드워드 사이드의 자서전 『아웃 오브 플레이스』와 서경식의 『디아스포라 기행』

4시까지 있을 수 있는 아주 좋은 곳이라 자주 간단다. 유일한 낙으로. 한국에서는 민요나 옛날 노래가 나오면 아무도 나가 춤추지 않지만 여기서는 민요가 나오면 다들 나가서 춤을 춘단다.

먼저 '입을 열지' 않았다면 그저 평범한 '일본인'으로 스쳐 지나갔을 사람들. 오늘의 일본사회를 살아가는 평범한 디아스포라 코리안들의 얼굴이다.

장면 둘

1905년 4월 4일. 영국선박 일포드Ilford호는 총 1033명의 한국인을 태우고 이들이 다시는 돌아오지 못할 인천항을 떠나 멕시코로 향했다. 한국에서 단 한차례 떠났던 에네켄 농장 노동이민자를 태운 배였다. 이 배가 인천항을 떠난 지 반년 후, 대한제국은 을사보호조약으로 외교권을 박탈당하고 5년

후에는 국권마저 상실하였다. 태평양을 사이에 둔 지리적 거리도 멕시코 한인들을 조국으로부터 멀리 단절시켰다. 실제 일포드호를 타고 떠났던 한인 중 다시 한반도 땅을 밟은 사람은 한 사람도 없었고, 이들의 운명은 오랫동안 잊혀진 역사로 남았다.

    7월의 유카탄 반도. 비행기에서 내려다보이는 유카탄 반도는 끝없이 이어지는 정글 벌판이다. 백색도시 메리다. 계약노동기간이 끝난 후 한인들이 가장 많이 모여 살던 도시. 현재 메리다시 한인회 회장 울리세스 박. 84세인 그의 노모는 몇 분 밖에 생존해 있지 않은 2세 할머니다. 텔마 리, 한국이름 이덕순. 그저 이웃에 사는 할머니 같은 얼굴과 또렷한 한국말이 그 인생이 거쳤을 역사에 대한 사색을 잠시 멈추게 한다.

    집 옆에 있는 한인회관 건물. 여러 기록사진이 널려 있다. 메리다의 한인회는 오랫동안 거의 명맥이 끊겼다가 1990년대 말 재조직되었다. 80년대 중반만 해도 불과 열 가족 정도만 연락이 되던 것이 2003년 3·1절 행사에는 500명이 넘는 한인이 모였다고 한다. 한국의 올림픽과 월드컵 개최, 한국 기업의 지명도, 멕시코 이민 100주년과 관련된 한국정부의 관심, 그리고 한국개신교의 선교사업 등이 다양한 얼굴에 낯선 이름을 가진 이들을 코리안이라는 끈으로 다시 잇고 있다.

    국경도시 티후아나. 한인 후손 3세인 펠리페 킹 씨가 우리 일행을 맞는다. "우리 할아버지들은 우리에게 한국어를 가르쳐주지 않았다. 이렇게 한국인이 멕시코의 우리를 방문하게 되리라고 전혀 생각지 못했을 것이다." '한국음식'을 만들어 우리 일행을 초대한 에르난 킹의 집. 할아버지가 한국을 떠나면서 가져왔던 여권은 '광무 9년 3월 15일 대한제국 외부 光武九年三月十五日

大韓帝國外部' 발행으로, 한문·영어·스페인어로 북미 묵서가墨西哥로의 여행이 명기되어 있고 붉은색 관인이 아직 선연하다.

1960년대 이후 '미국의 뒷마당'으로 급성장한 티후아나. 미국으로의 입국기회를 찾아 멕시코 전역에서 밀려드는 사람들로 매일같이 꿈틀대는 도시. 티후아나의 성장기는 멕시코 한인들이 본격적으로 티후아나로 이주한 시기다. 현재 티후아나에는 1000여 명의 한인 후손이 살고 있어 실질적으로 멕시코 내 한인 후손의 중심 커뮤니티가 되었다. 경제적 형편이 좋고 자녀 교육에도 열심인 이들은 초국가화가 제공하는 기회에도 민감하다. 경제적으로 성공한 사람들은 상당수가 미국으로 이주해 나갔고, 형제나 자식 중 한 두 집쯤은 미국에 거주하는 경우가 흔하다. 한인회 모임에 타고 온 미국 브랜드 자동차에는 캘리포니아 번호판이 선명하다. 열심히 모은 돈은 더 안전한 미국계 은행에 예치하고, 미국 내 부동산 투자도 자산 포트폴리오에서 중요한 항목이다. '원정출산'으로 샌디에이고에서 낳은 아이를 매일 국경을 넘어 등·하교시키는 젊은 부모도 보인다.

한편 백화점 가장 좋은 자리에 위치한 삼성과 LG 브랜드를 보며, 국경 쪽으로 진출한 한국계 기업들을 보며 이제 조상의 나라 한국도 가시권 안에 들어오고 있다. 샌디에이고의 영국계 조선소에 출퇴근하는 멕시코인 이람은 한인 4세인 부인과 함께 한국에 가서 멕시코 음식점을 해볼까 생각하기 시작했다. 4세 페르민, 자녀를 한국의 대학으로 유학 보낼 수 있는 방법을 진지하게 묻는다. 한국어도 다시 배우기 시작한다. 할아버지 할머니가 살아계실 때 배웠으면 좋았을 걸 새삼 아쉬워하기도 한다.

오늘날 멕시코에서 살고 있는 한인가족들(사진제공: 저자)

장면 셋

출퇴근길에 지나는 서울 서초동 외교센터 건물. 전면에는 언제부터인가 커다란 플래카드가 걸려있다. "내외동포는 하나다!" 라디오의 토론 프로에서는 재외국민선거권 제한에 대해 헌법불합치 판결이 나온 후 선거권 허용 범위를 놓고 격론이 한참이다.

위의 장면들은 우리가 '해외동포'라고 부르는 디아스포라 코리안들의 모습, 그들을 바라보는 현재 한국사회의 시각의 단면을 보여준다. 흔히 '600만 해외동포'로 불리는 전 세계의 디아스포라 코리안들은 각 집단 고유의 기원과 역사적 경위의 차이만큼이나 현재 상이한 모습으로 고국을 상상하며 고국과의 관계를 맺고 있다.

원래 디아스포라diaspora는 그리스어로, 고대 그리스가 소아시아와 지중해 연안을 정복하고 식민화하면서 그곳으로 이주시킨 자국민을 지칭하는 말이었다고 한다. 당시에는 식민지 건설과 연결된 이주를 의미하는 '긍정적인' 용어였던 셈이다. 이후 유대인의 바빌론 유수 후 팔레스타인을 떠나 세계 도처에 흩어져 살 수밖에 없는 유대인과 이들의 상황이 디아스포라의 '원형'처럼 사용되면서, 디아스포라는 본거지로부터의 추방, 기약 없는 이산, 기원에 대한 기억과 귀환의 열망을 함축하게 되었다.

19세기 중반 이후 본격화된 코리안 디아스포라도 다른 많은 디아스포라 집단처럼 정치적·경제적 상황 속에 어쩔 수 없이 고국을 떠날 수밖에 없는 사람들이었다. 이들은 전 세계적으로 국민국가적 소속과 충성심이 강화되어 온 20세기의 대부분을 국민국가적 소속과 관련해 양자택일의 선택을 강요당하거나 '뿌리 뽑힌 변종'으로 살아왔다. 흥미로운 것은 20세기 후반 전 지구적 자본축적의 움직임 속에 국민국가들은 기존의 영토주의적 성격보다 초국가적 소속을 강조하게 되었다는 점이다. 이에 따라 해외 디아스포라 집단이 고국과의 유대를 끊지 않도록 애쓰며, 원격지 민족주의를 부추기고 있다. 이중국적을 허용하는 나라가 늘어나고 있으며, 디아스포라는 더 이상 유랑자가 아니라 해외에 거주하는 유용한 '자원'으로 개념화된다. 이런 움직임에서 한국도 예외는 아니다. 향후 한국사회가 '해외동포'로서 이들을 어떤 방식으로 포섭해 가는지에 따라, 또한 전 세계의 디아스포라 코리안들이 다양하게 전개되는 국가적·민족적 소속과 정체성의 정치를 어떻게 받아들이는가에 따라 이들이 고국과 맺는 관계의 성격도 매우 달라질 수 있을 것이다.

관련 서적 소개

① 국립민속박물관, 『메시코 한인동포의 생활문화』(국립민속박물관, 2004).

국립민속박물관이 '한인동포의 생활문화' 연구사업의 일환으로 실시한 장기연구사업의 결과물로, 멕시코 내 한인 후손의 역사와 현재를 살필 수 있는 책이다. 메리다와 티후아나에서 직접 행한 현지조사와 인터뷰 자료를 바탕으로 비극적인 이주사와 현재를 살아가는 멕시코 내 코리안 디아스포라의 삶의 다양한 양상을 조망하고 있다.

② 신숙옥 지음, 『자이니치, 당신은 어느 쪽이냐는 물음에 대하여』(뿌리와 이파리, 2006).

재일조선인 3세 저자 신숙옥이 써 낸 개인사이자 가족사 에세이. 재일조선인들이 국가와 민족, 이데올로기의 틈새에 끼어 겪어야 했던 고통의 역사에 대한 절절한 이야기는, 함부로 '그들'을 판단하고 재단해 온 '우리'에 대한 준엄한 질문으로 이어진다.

한국화교의 현주소

왕은미
대만사범대학 동아시아 문화 및 발전학과 조교수

한·중 수교, 중국의 경제성장 등은 한국 화교 사회에도 큰 변화를 가져다 주었다.
사진은 1989년 중국 천안문사태 당시 한국 화교들이 서울 명동에서 중국 계엄군에 항의하며 규탄집회를 벌이는 모습
(사진제공: 경향신문)

기나긴 동면 속에 있던 한국화교사회가 1990년대 말부터 서서히 깨어나기 시작했다. 1990년대 말부터 찾아온 한국의 외국인에 대한 규제 완화, 타이완의 본토화, 중국의 경제성장 등 한국화교를 둘러싼 외부

환경이 변화하기 시작함에 따라 한국화교사회에 변화의 물결이 몰려오기 시작한 것이다. 그 변화에 가장 민감하게 반응하고 있는 것이 50대 이상의 중·노년층과 10대의 젊은층이다.

고향을 찾아 떠나는 노인들

현재 한국에는 약 2만 명의 화교가 살고 있다. 그리고 거의 모든 한국화교들은 중화민국(타이완) 국적을 소유하고 있다. 하지만 그들은 타이완 출신이 아니다. 99%가 중국 대륙 출신이며 그중 90%는 산둥성山東省이 차지하고 있다. 2000년 이후부터 중국 산둥성으로 삶의 터전을 옮겨가는 중·노년층 한국화교들이 늘고 있다. 주로 옌타이烟台가 그 거점이 되고 있으며, 2002년에는 친목조직인 '옌타이한화연의회烟台韓華聯誼會'가 결성되어 한국화교의 연락망을 조직하고 도움과 편의를 제공하고 있다. '옌타이한화연의회'의 2005년의 통계에 의하면 등록된 회원은 약 200명으로 주로 거주성이 높은 사람들이며, 유동인구는 500~700명이라고 한다. 노후생활, 음식점이나 공장 등 사업 경영을 위해 옌타이에 거주하고 있는데 그중에서도 노후생활을 목적으로 한 60세 이상이 가장 많다고 한다.

중·노년층 한국화교가 고향인 산둥성을 찾아 떠나는 배경에는 물론 중국 경제성장이 중요한 요인으로 작용하고 있다. 경제성장으로 중국은 예전보다 환경이 좋아졌기 때문에 언어소통에 문제가 없는 한국화교는 물가가 싼 중국이 경제적으로 풍요롭게 살수 있고, 신분 상승의 효과도 기대할 수 있다. 하지만 그 뿐만이 아니라 의식의 변화 또한 중요한 원인으로 작용했다고 본다.

한국화교는 정치성이 강한 시대를 살아 왔다. 해방 직후 한국화교가 살고 있던 한반도는 남북으로 분단되고 '조국'인 중국도 중화민국과 중화인민공화국으로 분열됐다. 동아시아의 냉전체제 속에 한국에서는 강력한 반공체제가 유지되었고, 중국 대륙과의 접촉이 완전히 차단되어 있었으며, 한국화교가 고향인 산둥성으로 돌아가거나 방문하는 일은 절대 허용되지 않았다.

동아시아의 냉전의 벽이 무너지면서 한국은 1992년 중국과 국교가 수립되고, 한국화교는 고향인 산둥성에 자유로이 드나들 수 있게 되었다. 하지만 반공의식이 투철했던 중·노년층의 한국화교는 처음에는 공산화 되었던 산둥성에 거부감을 가지고 있었다. 중국을 '적'으로 교육받았던 한국화교에게 있어 처음에는 중국은 받아들이기 힘든 존재였다. 그러나 중국에 진출해 장사, 사업을 하는 한국화교가 점차 늘어나고 중국과 접촉이 빈번해짐에 따라 중국에 대한 거부감도 점차 줄어들었다. 또한 산둥성의 친척과의 왕래도 거부감을 없애는 데 한몫했다. 하지만 중국을 받아들이는 데 가장 큰 역할을 한 것은 중화민국에 대한 의식 변화일 것이다.

한국화교는 냉전과 한국전쟁의 경험, 반공교육을 통해 반공주의를 올바른 가치관으로 받아들임으로써, 한국에서 '자유중국'으로 일컬어졌던 타이완의 중화민국을 '조국'으로 인식해 왔다. 그들이 생각하는 '조국'은 중국 대륙을 포함한 '중화민국'이었고, 그 애국심 또한 대단한 것이었다. 하지만 2000년 타이완 총통선거에서 타이완 독립을 주장해 왔던 민주진보당의 천수이볜陳水扁 씨가 총통으로 당선됨에 따라 중화민국의 정통성이 무너지면서, 한국화교는 민주진보당이 이끄는 중화민국을 '조국'으로 받아들이기 어려워졌다. 중화민국이 '조국'이라는 의식이 무너지기 시작하면서 중국에 대한 가치관에 변화를 가져와 산둥성을 마음속으로 받아들일 수 있게 된 것이라 생각한다.

현재 옌타이에 거주하는 중·노년층의 한국화교는 중화민국, 중화인민공화국이라는 국가를 초월해 고향에 대한 애착심이 높아지면서 자신은 중국문화를 지닌 '중국인'이라는 의식이 강화되고 있다. 한국에 거주하는 중·노년층의 화교들도 같은 양상을 보이고 있다. 통일된 중국을 바라는 마음은 여전하지만 국가의 틀을 넘어선 정체성을 추구하게 된 것이다.

한국을 떠나지 않는 아이들

산둥성이라는 고향에 강한 애착심을 갖는 중·노년층에 비해 젊은층의 화교들은 산둥성에는 큰 애착이 없다. 화교중·고등학교에 다니는 아이들은 태어나고 자란 한국을 고향으로 생각하고 있다. 현재 27개의 소학교(초등학교), 그리고 서울 연희동에 있는 한성화교중·고등학교를 포함해 인천, 대구, 부산에 각각 화교중·고등학교가 운영되고 있다.

한국 화교의 화교학교 취학률은 무척 높아 대다수의 화교 자녀들이 화교학교에 진학 중이다. 화교와 한국인 간의 결혼이 증가하고 있으며, 2004년의 통계에 의하면 연희동에 있는 한성화교중·고등학교의 경우 전교생 633명중 224명 즉 35%의 학생이 한국인 어머니의 자녀이다. 화교학교는 예전부터 지금까지 타이완의 교육과정에 따라 수업과정을 편성해 왔으며 지금도 중국어 위주로 수업을 진행한다. 하지만 아이들의 모어는 이미 한국어로 변했으며 중국어는 학교에서 배우는 입장이 돼 버렸다. 한국 대학에 진학을 희망하는 학생이 점차 늘어 현재는 약 80%의 화교고등학교 졸업생이 한국 대학에 진학하고 있다. 한국 대학 진학자가 늘고 있다는 것은 장래 한국에서 영주할 것을 염두에 두고 한국에서 발전해 나가기를 희망하는 아이들이 늘고 있다는 것이다.

이들은 부모 세대에 비해 한국어를 능숙하게 구사할 수 있을 뿐만 아니라 한국 아이들과 마찬가지로 한국 연예인에 열광한다. 밖에서 자신의 신분을 밝히지 않는 이상 한국인과 구별할 수도 없다. 이렇듯 젊은층 한국화교 사이에서는 한국화가 급속히 진행되고 있다. 하지만 그들이 한국화 되었다고 해도 한국인은 아니다. 그들은 자신이 중국문화를 가진 '중국인'이라는 인식도 동시에 가지고 있다. 국가에 대한 감정이 아니라, 그저 막연히 '중국인'이라고 느끼고 있는 것이다. 그들은 자신을 이도저도 아닌 '샌드위치'와 같은 존재, '붕 떠있는' 존재로 표현한다.

이들의 모호했던 정체성은 화교학교 졸업 후 한국사회 속으로 뛰어들게 되면서 큰 시련을 겪게 될 것이다. 한국인이 아니라는 이유로 차별받고, 그것을 일상생활 속에서 경험하면 할수록 자신은 한국인과는 다른 존재임을 반복적으로 확인하게 될 것이다.

화교사회는 지금 과거에는 없었던 가장 큰 변화의 물결 속에서 과도기를 맞고 있다. 이후 이 아이들이 한국을 정체성의 안착지로 선택할지는 한국의 포용력에 달려 있다.

📖 관련서적소개

① 오명석 지음, 「화교 교육과 젊은 세대의 문화적 감성」, 『당대비평』 통권 제19호(2002년 6월).

한국에서 외국인 노동자가 증가함에 따라 2000년 이후 외국인 인권문제가 주목받게 되었다. 이와 더불어 한국화교의 법적 지위와 인권문제도 주목받기 시작하였다. 『당대비평』도 한국사회의 차별구조 문제에 착목해 2001년부터 「한국 사회의 편견과 차별의 구조」 시리즈를 편성하기 시작했고, 2002년 6월호에 「화교」가 특집으로 실렸다. 위의 글 이외에도 장수현의 「한화(韓華) 그 배제의 역사」, 박은경의 「한국인과 비한국인: 단일 혈통의 신화가 남긴 차별의 논리」, 김진호의 「화교, 그 은폐되고 잊혀진 타인들」, 왕춘식의 「한국 화교 2세의 질곡과 소망」이 같은 특집에 실렸다. 오명석의 글은 인천화교학교를 방문해 학교 교육과 학생들의 정체성을 관찰한 글로 학생들의 감수성이 잘 반영되어 있다. 필자가 집필한 화교 젊은층에 관한 내용도 오명석의 글을 참고로 하고 있다.

② 왕은미 지음, 「동아시아를 떠도는 한국 화교의 정체성」, 정문길 외, 『주변에서 본 동아시아』(문학과 지성사, 2004).

이 논문은 필자가 위의 책과 같은 문제의식 하에 쓴 것이며, 박사논문의 토대가 된 논문이다. 한국화교가 중화민국을 '조국'으로 인식하며 강력한 애국심을 보였으나, 2000년 타이완 총통선거 이후 한국화교의 정체성이 변화하고 있다는 것을 화교신문인 『韓中日報』를 통해 분석했다. 그리고 2000년 이후 한국화교의 정체성은 안착지를 찾지 못해 동아시아를 떠돌고 있다는 점을 지적했다.

③ 王恩美, 「韓國における華僑學校敎育の歷史―1945年以後を中心に」, 『華僑華人硏究』(年創刊号, 2004).

1945년 이후의 한국화교의 학교교육은 세가지 특징을 가지고 있다. 화교인구에 비례해 화교학교가 무척 많다는 점, 화교자녀의 거의 대부분이 화교학교에 진학한다는 점, 화교학교의 교육과정은 타이완의 교육과정을 따라 편성되어 타이완과 거의 똑같다는 점. 이 논문은 이러한 특징들이 만들어져가는 화교학교 교육의 역사를 정리한 것이다.

④ 양필승·이정희 지음, 『차이나타운 없는 나라―한국화교경제의 어제와 오늘』(삼성경제연구소, 2004).

이 책은 박은경 씨 책(『한국화교의 종족성』, 한국연구원, 1986년) 이후로 한국에서 발간된 두 번째 한국화교 관련 책이며, 현재 한국어로 된 책은 이 두 권이 전부다. 이 책은 한국화교의 역사를 경제적인 측면에서 분석한 것으로, 정착기(1882~1904년), 발전기(1905~1930년), 침체기(1931~1945년), 일시적 회복기(1946~1949년), 쇠퇴기(1950~1989년), 도약기(1990년~)로 나누어 서술하고 있다. 일반인을 독자 대상으로 하고 있으나, 지금까지의 연구성과가 잘 반영되어 있다.

⑤ 王恩美,『東アジア現代史のなかの韓國華僑—冷戰體制と「祖國」意識』(三元社, 2008).

이 책은 필자가 2007년 일본 히토쓰바시대학에 제출한 박사논문을 수정해 출판한 것이다. 1949년 국공내전에서 패배한 중화민국정부가 타이완으로 철수하고, 중국 대륙에 중화인민공화국이 수립됨에 따라 사실상 '중국'에는 두 개의 정부가 존재하게 되었다. 그러나 한국화교는 중국 대륙 출신임에도 불구하고 왜 오직 중화민국만을 '조국'으로 인식해 왔는가? 이 책은 이러한 문제의식에서 출발해 한국화교가 중화민국을 '조국'으로 인식하게 된 역사적 과정을 한반도의 분단, 중국의 분열이라는 동아시아의 냉전체제 속에서 밝히고 있다.

5. 쟁점으로 본
동아시아 문학과 역사

중국문학 속에 출몰하는 과거사라는 유령 | 백지운
치유되지 않은 식민지 상흔 | 송승석
동아시아 개항과 중국 상인 | 이시카와 료타
일본의 위험한 역사인식의 용광로 | 서민교

중국문학 속에 출몰하는
'과거사national memory'라는 유령

백지운
인하대 한국학연구소 HK교수

　마침내 중국에서도 문학위기설이 횡행하고 있다. 문학의 사회적 영향력을 진작에 잃었던 일본에 이어 90년대 민주화 이후 한국사회에도 유행처럼 번졌던 문학위기설은 이제 중국에까지 상륙했다. 자본과 일상이 긴밀하게 결합한 자본주의 사회에서 문학이 대중문화의 주변으로 밀려나는 것은 자연스러울 수 있지만, 국가의 대인민선전수단으로 문학이 프리미엄의 지위를 누려온 사회주의 사회에 등장한 문학위기설은 언뜻 보아 의외다. 그러나 사회주의라는 말이 무색할 정도로 자본의 사회적 포섭력이 나날이 강화되는 오늘날 중국의 실상을 본다면, 그곳 문학의 위기를 일본이나 한국의 경우와 특별히 다른 맥락에서 읽을 이유는 없어보인다. 오랫동안 국가의 보호 아래 있었던 문학이 시장의 바다에 내던져졌고, 작가들 또한 그것을 오랜 정치적 압박으로부터의 해방으로 여기며 환호했다. 그리고 그런 상황 속에서 문학의 위기설이 출현했다.

　중국 평단에서 정말 오랜만에 일어난 문학논쟁, '순문학논쟁'은 이런 상황을 잘 보여준다. 좌파 경향의 평자들은 "역사의 호출을 거부"하고 "순문학의 정원에 머물기를 고집하는" 새로운 문학 경향이 중국에는 "새로운 문학적 교조주의 혹은 보수주의로 경도될 것"이라 경고하지만, 오랫동안 작가들을 압박해 온 중국문학의 엄숙주의에 대한 이 대대적인 반란의 물살을 잡기란 쉽지 않아 보인다. 5·4를 '미완의 계몽'으로 보고 현대문학의 임무를 그 계몽의 완성으로 삼았던 80년대 계몽주의문학론에서 한발 더 나아가, 5·4를 포함한 과거 100년간의 중국문학을 엘리트와 관방에 장악된 주류

중국문학의 위기는 문화대혁명의 '트라우마'가 자본주의적 세계화로 너무 쉽게 해소되어버린 데서 시작됐다.
사진은 문화대혁명 당시 '제트식 앉기'를 강요당하는 지식인

문학으로 비판하는 '민간문학'론이 90년대에 등장한 것을 보면, '내셔널 알레고리'로 중국문학을 읽어야 하는 시대는 진실로 종언을 고한 듯하다.

그런 점에서 지금의 중국문학은 대단히 흥미로운 고비에 놓여 있다. 국가와 민족의 알레고리 속에서 개인을 그렸던 루쉰魯迅 시대는 물론이고 문혁 이후 국가가 개인에게 준 상처를 비판하고 반성하는 임무까지 문학이 맡을 정도로, 근대 이래 중국에서 문학은 정치와 뗄 수 없는 긴밀한 관계 속에 있었다. 그러나 20세기의 마지막 십년을 지나면서 더 이상 국가와 민족으로 자기를 동일시하지 않는 '개인'이 등장하자, 문학과 정치의 오랜 동거

관계는 균열했다. 그런데 이러한 문학의 탈정치화는 엄밀하게 말해 정치 일반으로부터의 탈피라기보다는 '내셔널 메모리' 바로 국가의 과거에 대한 기억으로부터의 도피다. 그리고 그 기억의 가장 깊은 골짜기에 문혁文革의 10년이 있다.

    근대국가 치고 어두운 과거사를 갖지 않은 나라는 드물다. 식민, 좌우대립, 동족상잔, 양민학살 등등의 기억에 긴박되어 있기 때문이다. 그런데 중국의 '문혁'은 그 중에서도 특별한 과거사다. 그것은 민족전쟁도 인종갈등도 아니며 명확한 의미에서 계급전쟁이나 이념전쟁도 아니었다. 무엇보다 지식인에 대한 대대적인 탄압이었다는 점, 그것도 중국혁명 과정에서 '동반자'의 역할을 해 온 지식인에게 씻을 수 없는 깊은 상처를 남겼다는 점에서, 문혁이 중국문학에 각인한 트라우마의 치유는 만만치 않은 시간을 요한다. 중국문학 속에 지금껏 문혁이 제대로 호출되지 못하는 이유는 단지 사상과 표현의 자유가 완전히 보장되지 않은 탓만은 아닐 것이다.

    그러나 중국문학의 위기는 어느날 이 트라우마가 너무 쉽게 '해소'되어 버린 데서 시작되었다. 억압적 과거와 자본주의적 세계화라는 새 시대의 도래 사이, 간극이 너무 짧았던 것이다. 몸 안에 파고든 상처를 삭히고 음미하여 예술적으로 승화할 충분한 시간이 이들에겐 없었다. 갑작스레 밀려든 자본주의적 세계화의 물결에 몸을 내던진 그들에게 과거의 기억은 점점 가볍고 유희적으로 변해 심지어 완전히 몰역사적 시간으로 바뀌어 버렸다. 왕슈오王朔, 1958-의 소설을 영화화 한 "햇빛 찬란한 날들"을 보면, 성애에 눈뜨며 어른이 되어가는 소년의 눈에 문혁은 그저 어린 시절의 "햇빛 찬란한 날들"로 기억될 뿐이다. 비슷한 세대의 작가 왕샤오뽀王小波, 1952-1997는 문혁

당시 하방시절을 섹스 이외에 어떤 다른 진실도 볼 수 없는 순진무구한 "화냥녀"와 보낸 "나"의 "황금시대"로 그려낸다. 이처럼 문혁이라는 실제의 시공간을 '찬란한 황금시대'라는 가상적 시공간으로 대체함으로써 고통을 소거하는 기술방식이 발휘하는 효과는 실제 역사에 대한 조롱이다.

과거사, 즉 네이션의 기억 national memory을 현재와 미래의 영토 안으로 복원하지 못하면서 탈네이션을 꿈꾸는 문학으로 비약하는 것, 바로 그 간극이 문학의 위기설을 불러내고 있는 것 아닐까. 중국의 작가들은 자의반 타의반 과거와 진지하게 대면하기를 회피한다. 그러던 차에 때마침 도래한 현대화·세계화의 급류에 가볍게 올라탄 것이다. 그들은 고통스런 과거는 그만 잊고 서양세계의 작가들이 누렸던 것들을 누리고 싶어한다. 개인, 감각, 자유, 포스트모더니즘 등등. 재미있게도 개인의 해방, 감각의 해방 속에서 문학에 대한 사망선고가 내려졌다. 고통스럽던 집단의 기억에서 벗어나 '개인'으로 탈출하고자 했지만 그 개인이 만들어 낸 것은 또다른 익명의 군상群像, 대량생산된 감각이다. 감각의 불구자들. 그들이 선택한 것이 '무국적성'이다. 그 속에서 중국문학은 절명의 위기에 봉착했다.

그러나 위기는 중층적이다. 그것은 문혁시절에 소년기를 보냈던 지청知靑들의 세대적 복잡성에 기인한다. 문혁의 피해자이자 가해자였던 그들은 문혁을 이성적으로 기억하기에는 너무 미성숙했고 그것을 충분히 아파하기도 전에 개혁개방시대의 첫 수혜자가 되었다. 그렇기 때문에 문혁1세대에 비해 과거를 등지고 조롱하는 것이 더 쉬웠던 면이 있지만, 다른 한편 중국문학의 새로운 가능성을 잉태하고 있다는 점에 그 세대의 난해성이 있다. 홍위병 해산 후 대대적으로 진행된 농촌하방은 어린 지청들에게 '일국성'으로 환원되지 않는 중국문화의 무한한 원천을 몸으로 느끼는 소중한 경험을 제공했다. 이를 테면, 「빠빠빠爸爸爸」, 「암시暗示」, 「마챠오사전馬橋辭典」의 작가 한샤오공韓少功, 1953-이 지청 경험을 통해 복원한 후난湖南의 지방성은 네이션을 해체함으로써 더욱 풍요롭게 만드는 방식으로 탈네이션을 꿈꾸는, 중국문학의 새로운 가능성을 보여준다.

▎단일언어를 교란하는 게릴라전, 「마챠오사전」

한샤오궁韓少功은 중국 탈근대문학의 새로운 가능성을 보여주는 작가다. 1996년에 출간된 「마챠오사전馬橋辭典」에서 그는 후난湖南의 마챠오라는 마을을 근거지로 삼아 중국문학의 거대한 중심에 도전하는 게릴라전을 시도했다. 이 작품의 단연 돋보이는 특징은 '사전체'라는 독특한 형식이다. 마챠오 마을에서 쓰는 115개 단어에 해설을 붙이되 그 속에 이야기들을 끼워넣는 방식으로 구성된 이 작품에서, 그는 '보통화普通話'라는 단일언어체계로 환원되지 않는 다성성多聲性의 세계로 천입穿入해 들어간다. 작가가 궁극적으로 찾고자 하는 것은 '중국문화의 뿌리'이지만, 그것이 5·4 이래 부정해 온 전통으로의 즉자적 회귀는 아니다. 오히려 실체/규범으로서의 전통의 중심세계를 비틀어 해체함으로써 문화의 심층으로 파고든다는 데 이 소설의 재미가 있다.

그 대표적인 방식이 한자의 비틀기다. '사전'이라는 형식은 이 대목에서 진가를 발휘한다. '용龍'이라는 장을 보면 만위萬玉의 죽음이라는 비극적 소재가 그의 '용' 없음으로 인해 희극화되는데, 그 과정에서 중국의 전통문화는 두번 조롱당한다. 한번은 중화문명의 상징인 용이 남성의 성기를 나타내는 비속어로 끌어내려지는 대목에서이고, 또 한번은 전통적 가부장체제의 상징인 남근(용)을 '부재'의 방식으로 등장시키는 설정에서이다. 이처럼 '용'이라는 기표가 전혀 엉뚱한 기의에 연결됨으로써 당혹감과 웃음을 연발케 하지만, 바로 그 어긋남의 지점에서 작가가 추구하는 '문화'가 재구성된다. 그것은 한자의 규범체계가 해체됨으로써 만들어지는 세계다. 뜻글자라는 한자의 특성상 중국어에서 표준어와 방언의 차이는, 같은 글자의 의미가 달라지는 방식으로 나타난다. 특히 한자가 사물의 형상과 의미가 긴밀하게 붙어있는 상형자를 근간으로 한다는 점, 다시 말해 기표와 기의의 관계가 직접적이라는 점을 고려한다면, 방언의 파열효과는 더 극적이다.

이처럼 「마챠오사전」 전편을 통해 삶과 죽음, 지혜와 우둔, 과학과 미개, 노동과 걸식들의 의미체계가 뒤집힘으로써 한자라는 규범세계 내부에 교란이 일어난다. 그리고 독자들은 그 교란의 현장에 현현하는 심오한 진리의 세계 속으로 이끌려 들어간다. 비틀리고 해체되는 과정에서 한자의 세계는 더욱 풍부해지는 것이다. 주체, 언어, 민족, 전통 등 네이션의 기반을 형성하는 주요개념을 뒤트는 이 게릴라전을 위한 근거로서 지방성locality을 견고히 하는 한샤오공의 문학적 실천은 내이션의 기억을 탈근대의 지평 속에 재영토화할 가능성의 세계를 열어보인다.

관련 서적 소개

① 왕샤오포 지음, 손인숙 옮김, 『황금시대』(한국문원, 2000).

　　왕 샤오뽀(王小波)의 작품으로 「황금시대」와 「유수 같은 세월」 두 중편이 수록되어 있다. 「황금시대」는 「백은시대(白銀時代)」, 「청동시대(靑銅時代)」와 함께 '시대삼부곡(时代三部曲)'이라 불리는 작품으로 1992년에 출간되었다. 작품의 배경인 1970년대는 극좌의 물결이 범람하는 중국 사회에서 지식인들이 무력하게 휩쓸려다니던 '재난의 시대'였다. 작가는 개인의 존엄도 팽개치고 아예 철두철미하게 성애에만 몰입하는 주인공 왕얼(王二)의 행각을 회화적으로 그려냄으로써 재난의 시대를 전경화한다.

② 한샤오궁 지음, 심규호·유소영 옮김, 『마교사전』(민음사, 2008).

　　1996년 출간된 한샤오궁(韓少功)의 장편소설. 이 작품은 중국 후난성(湖南省) 미루어(湄羅)현 마챠오(馬橋) 마을 사람들이 상용하는 단어 115개에 관한 이야기로 구성되었다. 각 장은 단어에 대한 해설이거나 그 단어에 얽힌 고금의 이야기들로 이루어져 있으며, 고정된 주인공이 없는 것이 특징이다. 마을의 모든 성원이 번갈아가며 이야기 속에 출몰하는 이 작품은 '주인공(protagonist)'을 중심으로 전개되는 근대 소설(novel)의 형식을 훌쩍 뛰어넘는다.

③ 한샤오궁 지음, 백지운 옮김, 『열렬한 책읽기』(청어람미디어, 2008).

　　2004년에 나왔다. 그동안 나온 한샤오궁 산문 중 정수만을 뽑아 출간한 것으로 한샤오궁 산문의 결정판이다. 소설가로도 유명한 한샤오궁은 자본주의시대, 죽어가는 문학을 되살리기 위한 비급을 중국 전통의 산문적 글쓰기 속에서 탐색해왔다. 아리스토텔레스로부터 푸코, 묵자로부터 왕안이에 이르기까지 동서고금의 저서들에 대한 독서에세이의 형식을 띠는 이 책은 문화격변기 방향을 잃고 떠도는 중국문화의 뿌리를 찾아 떠나는 오딧세이다.

치유되지 않은 식민지 상흔

| 주변에서 중심으로의 갈망

송승석
인천대 중어중국학과 초빙교수

타이완 근대문학은 일제 식민지 아래에서 시작됐다.
사진은 일장기를 앞세우고 청나라 포정사布政使 아문衙門에 진주하는 일본군

문학의 역사 해석은 작가와 작품을 잉태한 사회를 떠나서는 불가능하다. 전후戰後 타이완문학에 대한 평가와 해석 역시 타이완 역사발전의 맥락 속에서 다루어져야 한다. 그러나 타이완문학과 관련된 평가와 토론은 지난

세기 1980년대를 넘어서서야 비로소 제대로 된 공간을 확보할 수 있었다. 특히 타이완 사회 내부에 잠재되어 있던 다양한 문학적 사고는 장장 40년에 달하는 계엄체제가 해소되면서 봇물처럼 터져 나왔다. 잠시나마 실어증은 있었지만 기억이 완전히 사라진 것은 아니었다. 원주민문학, 여성문학, 동성애문학, 환경문학 등등의 대량 출현은 바로 이러한 다원화된 사고의 시대가 이미 도래하고 있음을 증명한다.

그러나 동시에 이러한 다양한 문학 풍경을 마주하면서 타이완 문단 및 학계에서는 타이완문학의 성격 규정이 새삼 주요한 과제로 떠올랐다. 이를 증명하듯, 타이완의 수많은 작가와 평론가들은 기존의 패권적 담론에 대해 도전을 감행하기 시작했다. 이른바 본토문학과 원주민문학의 등장이 중화민족주의에 대한 회의라면, 여성문학은 남성적 쇼비니즘에 대한 질문이며, 동성애문학은 당연히 이성애 중심론에 대한 저항이다. 아마도 그것이 어떤 형태, 어떤 성격의 문학이든 모두 탈중심decentering적 사고로 귀납될 수 있을 것이다. 공교롭게도 이러한 80년대 이후의 타이완문학이 왕왕 탈근대적 모습으로 인식되는 것도 이러한 맥락이 존재하기 때문이다.

그러나 타이완문학의 성격을 탈근대라는 말로 일괄하는 것이 과연 제대로 된 입장인지는 숙고해 볼 일이다. 오히려 지금의 타이완문학의 발전 양상을 들여다보면 탈중심적 사고와 함께 그에 배치되는 또 다른 향중심向中心적 사고가 동시에 공존하고 있음을 볼 수 있다. 이는 타이완의 식민지 역사와 밀접한 관계가 있다. 1945년 일본이 타이완을 떠난 이후, 식민주의 망령은 완전히 사라졌는가? 장제스蔣介石가 이끄는 국민당 정부가 타이완을 접수한 것으로 식민지 상흔은 말끔히 치유되었는가? 장담할 수 없는 일이다. 이러한

타이완 현대문학의 분기점이 된 2·28사건 당일의 타이완 타이베이역 앞 모습

식민지 역사의 성격은 일제 강점기 총독체제總督體制의 유제에서 비롯된 것이었지만, 또한 그것은 전후 계엄체제戒嚴體制로 연속되고 복제되고 재현되었다. 이런 의미에서 지금의 타이완 사회가 생산해내는 문학은 결코 식민지적 경험과 기억 그리고 그것의 재생산에서 자유로울 수 없었다. 1945년 국민당 정부가 타이완을 접수하게 되면서, 중화민족주의는 야마토大和 민족주의의 잔재를 일소한다는 미명하에 일본어 사용을 금지했다.

일본이 1937년 이른바 황민화운동의 일환으로 '한어漢語' 사용을 금지한 지 10년이 채 되지 않은 시기였다. 시대가 변하고 정치체제 역시 변했지만, 유독 타이완 작가들만은 최단시간 내에 두 종류의 국어(일본어와 중국어)를 경험해야 했고 동시에 그 언어의 배후에 드리워진 두 가지 적대적 민족주의에 적응해야 했다. 그 곳에 타이완의 주체성과 타이완인의 자발적인 의지는 존재하지도 용인되지도 않았다. 오로지 물화된 타이완을 바라보는 중국과 일본의 시선만이 있을 뿐이었다. 언제나 그렇듯 타이완은 타이완에서 배제되었고 타이완인은 주변인이 되었다. 과거 식민제국 일본은 항시 '제국의 눈Imperial eyes'으로 그리고 '내지연장론內地延長論'에 근거하여 타이완 문학을 해석하고 그것을 '외지문학外地文學'으로 규정하려 했다. 또한 이후 국민당 정권이나 중국 대륙은 이른바 '중원사관中原史觀'에 의지하여 타이완 문학을 '중국문학의 일부'로 간주하고 싶어 했다. 이 모두 타이완문학을 중심에서 배제된 주변문학으로 위치 지우려는 시도에 다름 아니었다. 그러나 타이완 작가들은 권력의 중심에 처한 통치자들의 이러한 시도에 맞서 저항하고 투쟁했다. 타이완문학의 전체 발전 과정을 돌아볼 때, 이러한 중심과 주변의 대립적 긴장관계 속에서 타이완 작가들에게 주어진 절체절명의 과제는 언제나 중심에 대한 도전이었고 궁극적 목표는 탈주변화였다.

1947년 폭발한 2·28사건은 바로 이러한 주변화에 대한 타이완인들의 총체적 저항이자 호소였다. 그러나 식민의 경험이 다르고 식민에 대한 기억이 서로 차이가 나는 두 문화의 충돌이 빚어낸 이 비극적인 사건은 당시의 엄혹한 탄압과 무자비한 학살 그리고 그에 대한 처절한 몸부림으로만 끝나지 않았다. 오히려 그것은 오늘의 타이완 사회를 끝없는 분열과 대립, 갈등과 반목의 구렁텅이 속으로 계속해서 몰아넣고 있다. 여간해서는 걷히지 않을 거대한 먹구름이다. 그러나 무엇보다도 이 사건이 남겨놓은 심각한 결과는 그 안에 이미 새로운 중심의 씨앗을 잉태하고 있었다는 사실이다. 타이완민족주의 바로 그것이다. 전후 타이완문학 역시 이러한 역사적 궤도에서 이탈할 수 없었고 이탈하지도 않았다. 타이완문학이 항상 성적대립省籍對立이나 통독논전統獨論戰과 같은 정치권력의 각축장 한가운데 있었던 것도 바로 이러한 이유에서다. 한 마디로 중심과 주변의 대립적 긴장관계 속에서 지속적으로 자신을 주변으로 내몰고자 하는 중심에 대한 처절한 도전, 이것이 바로 전후 타이완문학의 역사였고 과제였다.

그러나 그러한 도전이 얻은 수확이 결국 중심과 주변이라는 이분법적 구조를 진정으로 해체하는 것이 아니라 새로운 중심, 새로운 민족주의의 형성과 그것으로의 대체였다는 것은 또 다른 모순과 갈등에 대한 예고의 전조이다. 계엄체제의 해체 이후, 봇물처럼 터졌던 그 다양한 문학적 사로思路를 스스로 저버리는 결과다. 이른바 민족주의 담론 자체가 식민주의의 유산임을 부정하지 않는다면, 이는 식민주의 유령이 여전히 타이완문학 주위를 맴돌며 배회하고 있다는 증거이다. 여기에 타이완문학의 위기가 있다.

관련 서적 소개

① 尾崎秀樹, 『近代文學の傷痕―舊植民地文學論』(岩波書店, 1991).

　　오자키 호쓰키(尾崎秀樹)는 당시 식민지 내에서 활동하던 작가의 종족적 신분을 고려하여 '식민지문학'과 '일본어문학'으로 구분함으로써 일본제국 내에서의 제국과 민족의 불일치, 즉 식민지에서의 국민과 민족의 비대칭성을 세밀하게 구별하고 있다. 그 이면에는 식민지 작가의 혈통과 언어의 대칭성이 성립되지 않는다는 점을 강조함으로써 일본의 식민지배 담론의 모순을 지적하고자 하는 의도가 내포되어 있다.

② 천꽝싱 지음, 백지운 외 옮김, 『제국의 눈』(동아시의 비판적 지성 1)(창비, 2003).

　　천꽝싱은 현재 타이완이 직면하고 있는 현실적 주요모순으로 이른바 외성인(外省人)과 본성인(本省人) 간의 성적대립(省籍對立)을 적시하고 통일과 독립이란 정치적 갈등도 여기서 파생된다고 본다. 또한 그 대립과 갈등의 원인을 타이완을 구성하고 있는 인자들의 식민지 경험의 차이에서 찾고, 그 차이는 중화민족주의와 타이완민족주의의 대립으로 확대 재생산되고 있다고 본다. 그러나 그는 타이완의 성적대립은 결코 타이완 내부에서 해결될 수 있는 문제가 아니라 동아시아 전체의 맥락에서 식민주의, 내셔널리즘, 냉전의 문제가 여하히 해결되는가와 동궤의 문제라고 파악한다.

③ 주완요 지음, 손준식·신미정 옮김, 『타이완: 아름다운 섬 슬픈 역사』(신구문화사, 2003).

　　이 책은 타이완 이주민이라 할 수 있는 중국 한족(漢族)을 중심으로 타이완의 역사를 기술하던 그동안의 패권적 역사 서술에서 벗어나 현재 타이완을 구성하고 있는 모든 인자(특히, 타이완 원주민 포함)들의 삶의 궤적을 좇고 있다는 점에서 특기할 만하다. 이는 중국의 일부로서 타이완을 인식하고자 하는 기존의 역사인식을 극복하고 타이완을 중심으로 역사를 구성하고자 하는 새로운 역사 서술의 모델을 제공해 준다는 점에서 문제적이다.

④ 송승석 옮김, 『식민주의 저항에서 협력으로: 일제 말 타이완 일본어 소설선』(식민주의와 문화총서 5)(역락, 2006).

　　이 책은 제국주의 일본의 식민지배가 정점에 달했던 1930년대부터 1945년까지의 타이완 소설의 궤적을 추적함으로써, 일본의 식민이데올로기가 지닌 자기모순이 타이완 민중들에게 초래한 심리적 갈등과 왜곡된 시선을 조망할 수 있게 해 준다. 더불어 일본어를 자신의 문학어로 채택할 수밖에 없었던 당시 타이완 작가들의 내면적 갈등과 그것을 돌파하고 극복하고자 하는 노력들을 엿볼 수 있다.

⑤ 고마고메 다케시 지음, 권경희·오성철·이명실 옮김,『식민지제국 일본의 문화통합: 조선·타이완·만주·중국 점령지에서 식민지 교육』(역사비평사, 2008).

    이 책은 일본의 식민지 지배 과정에서 구축되고 변모된 일본 내셔널리즘의 자기부정과 자기모순을 분석적으로 고찰하고 있다. 비록 일본의 자민족중심주의에 대한 비판에 초점을 두고 있지만, 우리는 이 책을 통해 일본 내셔널리즘의 제국/제국주의, 언어/혈통이라는 이중적 모순이 조선과 타이완 등의 식민지인들에게 어떠한 갈등과 고민을 제공하게 되고 나아가 식민 이후 그들의 새로운 공동체 구성에 어떠한 부정적 효과를 낳게 되는지를 짐작할 수 있다.

동아시아 개항과 중국 상인

이시카와 료타
사가대학 경제학부 교수
(번역: 방광석, 고려대학교 동아시아 문화교류연구소 교수)

동아시아의 개항장과 중국 상인

　한국·중국·일본 동아시아 삼국에서는 19세기 말부터 개항장開港場이라 불리는 항만도시가 건설되어, 국제무역의 거점으로 활발한 모습을 보였다. 서양에서 들어오는 새로운 문화와 상품은 이들 개항장을 통해 동아시아로 유입되었다. 대부분의 개항장에는 현재에도 붉은 벽돌과 뾰족지붕의 서양식 건물이 남아 있어 '서양과 통하는 창구'였던 과거를 회상하게 한다. 그런데 개항장의 무역 대상은 서양뿐 아니었다. 아시아의 개항장 사이에서 이루어지는 무역도 상당한 규모에 달했다. 또 개항장에서는 구미 사람들을 비롯해 많은 아시아 상인들이 활약했다. 대표적인 예가 중국 상인이다. 여기서는 19세기 말 중국 상인들의 활동을 중심으로 개항이 아시아 각 지역을 어떻게 연결해 주었는지를 살펴보고자 한다.

일본의 개항과 중국 상인

먼저 한국에 앞서 1850년대 말에 개항을 경험한 일본을 살펴보자. 일본의 개항은 직접적으로는 구미 열강의 요구에 따른 것이었다. 그러나 개항과 동시에 일본에 건너온 상인 가운데에는 서양 상인뿐만 아니라 1871년까지 정식으로 조약을 맺지 않았던 중국 상인들도 다수 포함되어 있었다. 그 뒤 중국인의 인구가 급속히 증가해 일본의 개항장에서 가장 많은 외국인 세력이 되었다. 지금도 요코하마橫浜와 고베神戶, 나가사키長崎 등 주요 옛 개항장에는 차이나타운이 있어 관광지로 붐비고 있는데 그 기초는 이 시기에 형성되었다.

이들 중국 상인은 아시아의 상관행이나 상품에 익숙지 않은 구미 상인들을 돕는 한편 독립적으로 중국 개항장과 무역을 실시했다. 중국 상인의 활동은 개항 후 일본경제에 적지 않은 영향을 주었다. 예를 들면 영국제 면제품은 이른바 산업혁명을 상징하는 상품으로 개항 직후의 일본에게는 가장 중요한 수입품 중 하나였는데 이 면제품은 영국에서 직접 수입된 것은 아니라 동아시아 최대의 무역항이었던 상하이上海를 거쳐 중국 상인들에 의해 수입된 것이었다.

또한 문화의 측면에서도 중국인의 영향력은 무시할 수 없다. 중화요리는 말할 것도 없고 양복이나 악기의 제작 방법, 서양식 이발 기술도 조금 먼저 개항한 중국의 개항장에서 들여온 것이었다.

이처럼 일본의 개항장 역사는 중국인과 밀접한 관련이 있다. 하지만 그것을 일본의 연구자들이 인식하게 된 것은 최근에 들어서다. 1980년대에 아시아 각지에서 진행된 공업화를 배경으로, 아시아의 경제성장 역사가 관심을 모으게 되었다. 그 결과 19세기 후반 아시아 내부에서의 무역은 사실상 아시아와 서양의 무역보다 빠른 속도로 성장했다는 것이 밝혀졌다. 그리고 그 주역이 중국 상인들이었다는 사실도 명확해졌다. 이것은 개항이 곧 서양에 대한 개항이라는 이미지를 뒤엎는 것이었다. 그리고 아시아 내부에서 무역의 담당자로서 중국 상인이 중요한 역할을 맡고 있었다는 점도 밝혀졌다. 그 무렵 중국 상인들은 아시아 각지로 그 활동범위를 넓혔고, 일본도 그들을 통해 아시아 시장과 연결되었던 것이다. 일본의 개항은 '서양에 대한 개항'임과 동시에 중국 상인들을 매개로 한 '아시아에 대한 개항'이었다고 표현하는 연구자도 있다.

한국의 개항과 중국 상인

한국의 경우는 어떠했을까? 1876년 한국의 개항은 일본의 요구로 실현되었고 그 뒤 한국의 가장 중요한 무역상대국은 일본이었다. 그러나 1880년대에 들어서자 중국인이 한국의 개항장에 진출하여 중국과의 무역 규모도 급속히 늘어나 1894년 청일전쟁이 발발할 때까지는 한·일 무역에 버금가는 기세를 보였다. 중국 상인들의 활동 거점이 된 곳은 인천과 서울로, 인천에는 1894년에 중국거류지도 설치되었다. 인천역 앞의 성북동, 선린동 일대가 과거 중국인 거류지가 있던 곳이고 당시의 건물이 현재도 남아있으며 최근에는 '차이나타운'으로 정비되고 있다.

청일전쟁 이전, 중국과 일본이 한국에서 정치적 패권을 둘러싸고 격렬하게 경쟁하고 있었다는 것은 잘 알려져 있다. 1885년부터 1894년까지는 훗날 중화민국中華民國의 임시대총통이 되는 위안스카이袁世凱가 서울에 체류하면서 중국의 정치적 영향력 확대에 진력했다. 중국 상인의 활동도 위안스카이가 정치적으로 지원한 결과라는 견해가 있다. 그러한 측면이 있다는 것은 부정할 수 없지만 앞에서 보았듯이 19세기 후반에는 동아시아 전역에서 중국 상인의 활동이 활발해졌으며 한국에서 중국 상인의 활동도 그러한 움직임의 일환이었다고 볼 필요가 있다.

다시 영국제 면직물의 예를 들어보자. 영국제 면직물은 일본과 마찬가지로 개항 직후의 한국에서도 가장 중요한 수입품 가운데 하나였다. 이것은 위에서 말했듯이 영국으로부터 일단 상하이로 수입되고 다시 중국 상인에 의해 아시아 각지로 재수출되었다. 한국의 경우, 1876년에 개항한 이후 얼마 동안 상하이와 직항로가 없었기 때문에 일단 나가사키의 중국 상인들이 수입한 면직물을 부산 등지의 일본 상인이 재수입하는 형식을 취했다. 그러나 1888년에는 니혼유센日本郵船, 1889년에는 중국 정부가 출자한 윤선초상국輪船招商局이 잇달아 상하이 - 인천항로를 개설함으로써 영국제 면직물은 인천의 중국 상인이 직접 상하이로부터 수입하게 되었다. 당시의 일본 상인에게 이러한 수입 경로의 변화는 큰 타격이었다. 그러나 중국 상인의 입장에서 보면 상하이를 중심으로 하는 광역적 면직물 유통시스템의 말단이 대체된 데에 지나지 않는다. 이 사례에 주목한 한 연구자의 말을 빌리자면, 나가사키나 인천도 중국 상인들이 만든 '상하이 네트워크'의 연장선상에 놓여 있었던 것이다.

그런데 상하이 - 인천을 기축으로 하는 중국 상인의 활동은 1894년 7월 청일전쟁이 발발하자 다시 위기를 맞이하게 된다. 인천과 상하이 사이를 연결하는 항로는 두절되고 많은 중국 상인은 중국으로 피난했다. 그러나

1894년 말에는 일부 상인이 인천으로 돌아와 무역을 재개했다. 인천과 중국을 연결하는 항로는 전쟁 중에도 외국선박에 의해 유지되었고 일본과 한국 사이의 항로도 1894년 가을부터 재개되었기 때문에 일본에 있는 중국 상인의 협력을 얻는 것이 가능해져 상하이 인천 사이의 무역이 간접적이나마 재개되었던 것이다. 때마침 서울에서는 시장이 상품부족에 빠져 있었기 때문에 중국 상인들은 막대한 이익을 획득하게 되었다. 동아시아 각지의 중국 상인들이 다각적인 통상네트워크를 형성하고 서로 도와 정치적 환경의 변화를 유연하게 극복했다는 것을 알 수 있다.

20세기의 변화

이처럼 19세기 말의 한국과 일본의 개항은 중국 상인들이 형성한 광역적 통상네트워크로의 편입이라는 측면을 갖고 있었다. 그러나 청일전쟁 이후의 국제환경 변화는 중국 상인들의 활동 형태에도 영향을 미쳤다. 한일 양국의 경우를 비교해보자.

일본의 경우 청일전쟁 후에 공업화가 본격적으로 진행되자 중국 상인들은 중국 각지와 동남아시아에 일본제 면제품과 잡화제품을 수출하게 되었다. 수출 상대 지역의 기호와 상관습에 밝은 중국 상인들이 일본 제품의 판로를 확대하고 공업화를 촉진했다는 측면이 있었던 것이다. 한편으로 중국인 노동자의 일본 내 유입은 엄격하게 규제되었다. 예를 들면 1899년 일본은 불평등조약을 일부 개정하는 데 성공했고 그에 따라 거류지제도도 철폐되었다. 이에 따라 외국인은 일본 국내 어디에나 자유롭게 거주할 수 있게 되었지만 중국인 노동자의 입국에는 여론의 격렬한 반대가 있어 사실상 입국조차 곤란하게 하는 규제가 마련되었던 것이다.

한국의 경우 청일전쟁 뒤에도 중국 상인들의 활동이 쇠퇴한 것은 아니지만 일본 상인의 활동이 활발해짐에 따라 상대적으로 영향력은 약해졌다. 한편에서는 항만노동이나 토목공사에 종사하는 노동자들이 증가했다. 한국 정부에게는 이것을 규제할 수단이 없었고 또 식민지화 이후의 조선총독부도 일본 국내와는 달리 적극적으로 규제를 가하지 않았다. 이러한 중국인 노동자와 한국인 사이에서는 자주 갈등과 충돌이 발생했다. 국경을 넘어 활약하는 중국인의 모습은 한편으로 당차 보이지만 국제환경의 변화에 정면으로 맞서지 않으면 안 되는 존재이기도 했던 것이다.

▍개항 직후의 중국인 사회

개항 직후의 한국에 얼마나 많은 중국인이 도항했는지는 정확히 알 수 없다. 그러나 1884년 중국 영사가 파악하고 있던 중국인 수는 서울 352명, 인천 235명, 부산 102명, 원산 62명이었다. 그러던 것이 1893년에는 서울 1254명, 인천 711명, 부산 142명, 원산 75명으로 늘어났다. 10년도 안 되는 사이에 서울과 인천을 중심으로 중국인이 급속하게 증가했음을 알 수 있다.

이들 중국인의 출신지를 살펴보면 지리적으로 인접한 산둥성山東省 출신이 가장 많다. 이것은 현재 한국에 체류하는 화교에게서도 볼 수 있는 특징이다. 식민지화 이후에는 산둥성 출신이 80%를 넘었으나 이 무렵에는 아직 그 정도로 압도적인 비율을 차지하지는 않았고(1884년 49%) 이에 비해 광둥성廣東省이나 장쑤성江蘇省, 저장성浙江省 지역 출신이 상대적으로 높은 비율을 차지했다. 이들 지역의 출신자는 홍콩이나 상하이에 가까웠기 때문에 중국에서도 일찍이 해외무역에 숙달될 수 있었고, 일본의 개항장에서도 강한 세력을 자랑하고 있었다. 한국의 개항장에서도 유력한 무역상 가운데에는 이들 지역의 출신자가 많이 있었다.

그 대표적인 예가 탄제성譚傑生이라는 인물이다. 그의 출신지인 광둥성 가오야오현高要縣은 많은 화교를 국외로 내보낸 지방 중 한 곳으로 알려져 있다. 그가 한국에 온 것은 1885년의 일로, 인천에 동순태同順泰라는 상점을 개점했다. 그 뒤 본거지를 서울로 옮기고, 군산이나 전주 등에도 지점을 개설했다. 탄제성은 상하이 및 홍콩과의 무역을 중심으로 재산을 축적해 부동산업과 금융업 등을 폭넓게 경영했다. 동순태의 수표는 신용이 높아 지폐와 마찬가지로 유통되었다고 한다. 1920년대에 사망하기까지 탄제성은 한국의 중국인사회 지도자 가운데 한 사람이었다.

그의 해외무역은 같은 광둥성 출신 상인들의 네트워크에 의해 유지되었다. 탄제성의 출자자는 상하이의 량룬칭梁綸卿이라는 인물이었는데, 그도 탄제성과 마찬가지로 광둥성 출신의 유력 상인이었다. 그밖에 탄제성은 중국의 광저우·홍콩, 한국의 원산·인천·진남포, 일본의 요코하마·고베·나가사키 등 각지의 광둥상인과 거래관계를 맺고 있었다. 탄제성은 이들의 네트워크를 이용해 정보를 교환하거나 자금을 융통하고 있었다.

그런데 이러한 네트워크를 배경으로 성장하는 중국 상인에 대해 한국인 상인이 격렬하게 반발하는 경우도 있었다. 예를 들면 그때까지 한국 정부에 납세를 조건으로 상품의 독점판매권을 가지고 있던 특권상인들은 중국 상인들이 그 특권을 무시한 데 분개하여 점포를 동맹 폐쇄하는 등 항의 행동을 하기도 했다. 또한 중국 상인들이 치외법권이라는 입장을 이용해 횡포를 일삼아 한국인과 충돌하는 경우도 있었다.

그렇다고 해서 중국 상인들과 한국인이 항상 대립하고 있었던 것은 아니다. 동순태도 처음 인천에 진출할 당시에는 한국인 객주의 점포에 거주하면서 그 중개로 거래를 했다. 또 개항 이전부터 중국과의 국경무역에 관계하고 있던 개성이나 의주의 상인 가운데에는 중국어능력을 활용해 개항장에서 중국 상인과 거래하는 경우도 있었다. 중국인과 한국인이 다각도로 접촉하고 있었다는 사실에 주목할 필요가 있다.

📖 관련서적소개

① 古田和子, 『上海ネットワークと近代東アジア』(東京大學出版會, 2000).

　　19세기 후반 영국제 면직물은 아시아에서 최대의 국제상품 사운데 하나였다. 그것은 영국으로부터 상하이에 수입된 뒤 국경을 뛰어넘은 중국 상인의 네트워크(상하이 네트워크)를 통해 아시아 각지의 개항장으로 재수출되었다. 유럽은 아시아를 상품시장으로 편입하기 위해 중국 상인의 힘을 빌릴 필요가 있었던 것이다. 한국에 진출한 중국 상인도 그러한 상하이 네트워크의 일부를 구성하고 있었다.

② 스기하라 가오루 지음, 박기주·안병직 옮김, 『아시아간 무역의 형성과 구조』(전통과현대, 2002).

　　19세기 후반 아시아지역 내부의 무역 성장률은 세계무역의 평균성장률을 크게 웃돌고 있었다. 개항 후의 아시아는 유럽과의 분업관계뿐만 아니라 아시아 내부의 분업관계도 심화시켰으며 이러한 현상은 아프리카나 남아메리카에서는 보이지 않는 것이었다. 즉 아시아는 유럽에 대해 '상대적으로 자립한' 지역경제권을 확립했던 것이며 이것이 아시아의 경제성장을 준비하는 요인의 하나였다.

③ 강진아 지음, 「근대 동아시아 초국적 자본의 성장과 한계」, 『경북사학』 27(2004).

　　광동성 출신의 중국인 상점 동순태의 역사를 개관한 논문이다. 1885년에 창설된 동순태는 청일전쟁으로 인해 후원자였던 청국정부의 영향력이 상실된 뒤에도 계속 활동했다. 1920년대에는 서울 최대의 부호로 불렸으나 중일전쟁이 발발한 1937년에 폐점했다. 그러한 동순태의 활동전략을 각종 역사자료를 바탕으로 복원했다. 같은 저자의 「廣東네트워크(Canton-Network)와 朝鮮華商 同順泰」(『사학연구』 88, 2007)가 있다.

④ 石川亮太, 「朝鮮開港後における華商の對上海貿易」, 『東洋史硏究』(京都: 東洋史硏究會) 63권 4호(2005).

　　개항기 중국 상인에 의한 해외무역의 형태를 해명한 논문이다. 광동인의 상점 동순태는 상하이 외에 홍콩과 광저우, 나가사키와 고베, 요코하마 등 넓은 범위에서 거래를 하고 있었다. 근대적인 금융과 통신, 교통서비스가 충분히 발달하지 않은 당시에 이러한 광역 네트워크는 중요한 역할을 수행했다. 같은 저자의 「開港後朝鮮における華商の貿易活動」(森時彦編, 『中國近代化の動態構造』, 京都大學 人文科學硏究所, 2004)이 있다.

일본의 위험한 역사인식의 용광로

| 도쿄 국제전범재판에 대한 기억

서민교
친일반민족행위진상규명위원회 전문위원

1946년 6월 도쿄 이치가야에서 열린 도쿄국제전범재판 법정 모습. 이 재판에는 전쟁의 책임을 물어 일본 지도자 28명이 기소되었다

일본이 2차 대전에서 패전한 후 60여 년이 지났다. 그러나 90년대에 본격적인 냉전체제가 붕괴한 이후, 최근 일본에서 급속히 진행되고 있는

우경화의 움직임은 좀처럼 그 방향을 선회할 기미를 보이지 않고 있다. 19세기 말 메이지유신 이후 근대국가 만들기에 들어갔던 일본은 서구 열강과 어깨를 나란히 하는 '대국화' 정책을 국가경영의 목표로 삼았다. 그 과정은 제국주의 열강의 일원으로 참가하는 것이었고, 침략전쟁을 주저하지 않고 아시아 근린 국가들을 식민지, 반식민지화하면서 '천황제 제국주의'의 전성기를 구가하였다. 그러나 그 결과는 1945년 8월 15일의 참담한 패배로 막을 내리게 된다.

2차 대전은 세계사에 일찍이 유례가 없을 정도로 큰 피해를 초래한 전쟁이었다. 사망자만 전체적으로 5천만 명에 이르렀고, 부상자나 전쟁난민은 이루 헤아릴 수 없을 정도였다. 특히 독일과 일본의 침략을 받았던 국가나 지역의 피해는 매우 심각한 지경이었고 연합국 측은 그러한 전쟁을 시작하고 수행했으며 많은 잔학행위를 행한 독일과 일본 등의 지도자를 전쟁범죄인으로 처형함으로서 두 번 다시 그러한 전쟁을 일으키지 않도록 하는 방책의 하나로서 전범재판을 열었던 것이다. 미국, 영국, 프랑스, 소련은 1945년 8월에 런던협정을 체결하고 침략전쟁을 국제법상의 범죄로 취급하는 '평화에 대한 범죄', '인도에 대한 범죄'라는 새로운 전쟁범죄를 정립하였다. 먼저 1945년 10월 나치 독일의 지도자를 대상으로 뉘른베르크재판이 열려 괴링을 비롯한 12명이 사형 판결을 받았다. 그리고 도쿄재판, 즉 극동국제군사재판은 미국을 비롯한 연합국이 일본의 지도자들을 전쟁범죄자로 법정에 세운 것이다. 연합국 최고사령관인 맥아더 원수가 주도하여 1945년 말부터 국제검찰국을 설치하고 46년 초에 극동국제군사재판소를 설치했다. 판검사는 극동위원회 구성국가인 11개국에서 파견되었다. 일본에서는 1945년 가을 미군의 진주와 더불어 차례로 전범용의자가 체포되었고, 또 아시아를 비롯한 각국에서는 B·C급 전범재판이 진행되어 총 5416명이 소추되었다.

그리고 정치·군사 최고지도자를 대상으로 한 A급 전범재판이 46년 5월 3일 이치가야_{市ヶ谷}의 구 대본영 건물을 법정으로 개조하여 개시되었다. 그러나 맥아더 원수는 일본점령정책의 원활한 수행을 위해서라는 명분을 내세워 히로히토_{裕仁} 일본천황을 전범으로 소추하지 않음으로써 전쟁책임의 한계를 애매하게 만드는 결과를 초래했다. 도쿄재판에서는 최종적으로 전쟁시기의 일본 지도자 28명이 기소되었고, 판결당시의 피고 25명 전원에게 유죄를 선고했다. 태평양전쟁 개전 당시의 수상 도조 히데키_{東條英機} 등 7명에게 사형이 선고되었으며 종신형이 16명, 금고 20년과 7년이 각각 1명이었다.

2차 대전기 미국의 육군 장관 스팀슨은 일본과 독일이 '문명'을 부정하고 침략과 전쟁범죄를 자행한 것에 대해 연합국 측이 재판이라는 '문명'적 방법으로 제재를 가했다는 점을 강조하였다. 그러나 침략전쟁의 범죄성은 국제법적으로 확립되어 있지 않기 때문에 도쿄재판은 사후법_{事後法}에 의한 '승리자의 재판'에 지나지 않는다는 비판도 나오게 되었다. 즉 도쿄재판에 대한 '긍정론'과 '부정론'이 서로 강하게 대립하면서 오늘에 이르고 있다.

달리보자면 패전 이후 현재에 이르기까지 일본인들의 도쿄재판에 대한 평가를 통해서 일본인의 전쟁책임에 대한 역사인식의 속마음을 엿볼 수 있을 것이다. 먼저 1950년대까지는 전쟁책임자를 비판하는 논조가 강했고 도쿄재판 '긍정론'이 우세하였다. 그러나 한편으로는 국제법적 관점에서 입법권력과 재판권력을 혼동하는 위험성을 지적하는 비판도 제기되었다. 즉 전쟁책임론적 관점과 국제법적 관점이 강하게 대립하는 상대성이 부각된 시기였다. 이어서 1970년대까지는 상대적으로 '부정론'이 눈에 띄는 시기를 맞이하게 된다. 이에 대해 '긍정론'을 주장하는 역사학자 이에나가 사부로家永三郎는 도쿄재판 '부정론'은 이른바 '대동아전쟁긍정론'으로 연결된다며 일본의 전쟁책임을 직시하자고 역설하였다. 1980년대에서 90년대에 이르면 '긍정론'과 '부정론'의 이항대립적 시각을 극복하려는 노력이 나타나게 되었다. 즉 '도쿄재판이 무엇이었던가?'라는, 아직도 기억이 생생한 거대한 문제에 대해 성급히 결론을 내리지 말고, 도쿄재판이라는 콘텍스트를 통해 역사와 국제정치가 갖고 있는 복잡성에 대한 이해를 넓히자는 제안이 그것이다.

그런데 최근 기나긴 동면에서 기지개를 켜기 시작한 일본의 우경화 경향의 흐름에서는 "도쿄재판은 국제법을 무시한 무효재판이다", "판결은 재판 전부터 이미 정해져 있었다", "왜 일본에서는 도쿄재판에 대한 위법논의가 일어나지 않는가?", "미국에 의한 원폭투하도 엄연한 전쟁범죄이다", "전후 일본 출발의 근본적인 잘못을 시정하라!"라는 위험한 역사인식이 점점 강해지고 있다. 물론 국제법적 관점에서 본다면 도쿄재판에서 나타난 법적 부당성은 충분히 지적할 수 있을 것이다. 그러나 그렇다고 해서 일본이 저지른, 이루 헤아릴 수 없는 무고한 피해자가 생겼던 전쟁에 대해 과연 일본의 전쟁책임이 면해질 수 있다는 것일까? 도쿄재판이 가지는 의미는 단순한 '긍정론'과 '부정론'의 사이에서 방황하는 역사인식의 배회만이 아닐 것이다. 뿐만 아니라 남북이 분단되어 있는 한국의 현실에서도 '평화체제'의 정립은 우리의 후세에게 남겨줄 수 있는 중요한 유산이 될 것임은 자명한 사실이다. 즉 전쟁 없는 국제사회를 만들어 나가려는 노력의 일환으로 과거의 전쟁은 단순히 흘러간 역사가 아니라 엄격하게 전쟁책임을 추급함으로써 두 번 다시 그러한 과거의 전철을 밟지 말자는 역사의 교훈으로 삼아야 할 것이다.

일본에게 버림받은 전범들 - 조선인 B·C급 전범

　A급 전쟁범죄가 '평화에 대한 범죄'를 적용해 주로 정치 및 군사 지도자를 처벌의 대상으로 한 것이라면, B급 전쟁범죄는 '통례의 전쟁범죄'였고 C급 전쟁범죄는 '인도人道에 대한 범죄'에 해당된다. 포로 학대, 민간인 학살 등 각각의 잔학행위에 관련된 자는 그 명령권자로부터 실행자에 이르기까지 재판정에 서게 되었다. 도쿄재판에서 A급 전범으로 28명만이 소추된 것에 비해 B·C급 전범은 미국, 영국, 네덜란드, 프랑스, 오스트레일리아, 중국, 필리핀 등 7개국(소련까지 포함하면 8개국)의 법정에서 총 5700명이 재판에 회부되었다. 그런데 놀랍게도 이 B·C급 전범재판에서 148명의 조선인이 전범의 신분으로 재판을 받았고 그 중 23명이 사형에 처해졌다. 처형당한 조선인 중 일본군인은 3명이었고, 그 중 한 명은 홍사익 중장이었다. 그는 필리핀포로수용소장을 역임하고 일본군 남방총군 병참감을 역임한 것이 이유가 되어 포로학대의 총 책임자로 기소되고 처형을 당했다. 그 외에 통역이 16명이었고 나머지는 모두 포로수용소 감시원으로 타이, 자바, 말레이반도의 수용소에 배치되었던 군속이었다. 특히 영화 "콰이강의 다리"의 소재가 되었던 연합국 포로의 노동력을 이용해 건설한 태면泰緬철도공사와 관련되어 35명이 기소되었고 그 중 9명이 사형에 처해졌다.

　일본은 2차 대전 초기에 전과를 올리면서 수많은 연합군을 포로를 잡았고, 그 대책으로 조선인과 타이완인을 포로감시원으로 채용하고 정식 군인도 아닌 군속의 신분을 부여했다. 조선에서만 약 3000명의 청년을 모집하여 일정기간 군사훈련을 시키고 1942년 8월부터 동남아시아 각지의 포로수용소에 배치했다. 이들 조선인 군속들은 일본군 말단 병사보다 낮은 존재였으며 일본의 폭력적 군사훈련을 받는 과정에서 일상적으로 구타를 당했다. 그러한 구타 습관은 연합국 포로에 대해서도 일상적으로 적용되었다. 심각한 영양부족과 강제노동, 말라리아 등의 질병에 시달리며 극도로 허약해져 있던 연합국 포로의 입장에서는 뺨을 한대 맞는 구타도 생명과 직결되는 가혹한 폭력으로 느껴졌을 것이다. 이러한 학대 행위를 근거로 전범으로 처형된 조선인 군속의 입장에서 보면 일본의 전쟁범죄를 대신해서 조선인들이 책임을 지게 되었다는 부당성이 존재한다. 하지만 한편으로 일부 조선인들이 연합국 포로들에 대해서는 '가해자의 한 사람'이었다는 점, 즉 조선인 스스로에게도 전쟁책임이 있다는 것도 부정할 수 없는 역사적 사실이다. 그런데 문제는 다른 곳으로 불거지게 된다. 일본은 1952년 샌프란시스코 강화조약을 계기로 '독립국'이 되었고, 동시에 재일조선인에 대해서 법적으로 일본국적을 박탈하고 외국인으로 취급하게 된다. 그럼에도 불구하고 조선인 B·C급 전범에 대해서는 형이 확정된 시점에서 법적으로 일본인이었다는 이유로 형의 집행은 그대로 계속되었다. 한편 조선인은 이미 일본인이 아니라는 이유를 내세워 일본인에게는 지급하는 군인은급이나 원호대상에서 제외시켰고, 모든 조선 출신 일본군인, 군속에 대한 원호도 거부하였다. 전쟁을 할 때는 일본인이라고 강제동원해 침략전쟁에 끌어들여놓고, 전쟁이 끝나니까 이미 일본인이 아니라며 원호나 보훈의 대상에서 제외시키는 일본의 발상. 일본 전범이니까 그 죄 값은 개인적으로 져야 하고, 일본인이 아니라서 그 보상은 할 수 없다는 사고를 하는 일본의 이러한 편협성은 오늘날까지 계속되고 있다. 책임 있는 국가로서 일본의 사고전환을 촉구하는 바이다. 일본은 미비한 법률을 제정해서 시급히 불평등하고 부당한 정책을 개선해야 할 것이다.

관련 서적 소개

① 細谷千博 ほか編, 『東京裁判を問う』(有斐閣, 1984).

『도쿄재판에 대한 재검토』 정도로 번역할 수 있는 이 책은 1983년 개최된 국제학술심포지엄에서 발표되고 논의되었던 내용을 기록한 책이다. 당시까지의 도쿄재판 긍정론과 부정론의 이항대립적 구도를 뛰어넘어, 70년대 이후 점차 공개되기 시작한 1차 자료를 이용한 실증적 연구의 심화와 각각의 이해 당사국의 관점에서 도쿄재판을 재론하고 있다. 도쿄재판에 대해 이해관계국가들의 입장에서 논의를 전개하는 외국인 연구자의 논문도 포함되어 주목을 받았다.

② 五十嵐武士 ほか編, 『[論争]東京裁判は何だったのか』(築地書館, 1997).

『[논쟁] 도쿄재판은 무엇이었던가?』를 묻고 있는 이 책은 1996년에 개최된 도쿄재판 관련 심포지움 강연록이다. 긍정론, 부정론에 대한 논문도 일부 포함되어 있지만, 대부분의 연구가 실증적인 정치외교사 연구 성과를 제시하고 있다. 도쿄재판이 무엇이었던가? 라는 거대하고, 현재까지도 생생한 문제에 대해서 성급한 결론을 도출하지 말고, 도쿄재판을 통하여 역사와 국제정치의 '복잡함'에 대한 이해를 깊게 만들어야 하는 것이 중요하다는 기타오카 신이치(北岡伸一)의 지적은 앞으로의 연구 과제라고 생각한다.

③ 林博史, 『BC級戰犯裁判』(岩派書店, 2005).

2차 대전 당시 동남아에서의 일본군 점령통치 등을 연구해 온 저자는 일본군위안부 문제에도 착안하고 있으며, 그 연장선상에서 전후 중국, 소련 및 동남아 각지에서 행해졌던 BC급 전범재판에 대한 개괄적인 상황을 분석한 책이 『BC급 전범재판』이다. B급 전쟁범죄는 '통례의 전쟁범죄'였고 C급 전쟁범죄는 '인도(人道)에 대한 범죄'에 해당된다. 포로 학대, 민간인 학살 등 각각의 잔학행위에 관련된 자는, 그 명령권자로부터 실행자에 이르기까지 재판정에 서게 되었다. B·C급 전범은 미국, 영국, 네덜란드 등 7개국(소련까지 포함하면 8개국)의 법정에서 총 5700명이 재판에 회부되었다. 그런데 이 B·C급 전범재판에서 148명의 조선인이 전범의 신분으로 재판을 받았고 그 중 23명이 사형에 처해졌다. 일본의 또 다른 전쟁책임을 BC급 전범재판이라는 스펙트럼을 통해 논하고 있다.

④ 우쓰미 아이코(內海愛子) 지음, 이호경 옮김, 『조선인 BC급전범 - 해방되지 못한 영혼』(동아시아, 2007).

『조선인 BC급 전범, 해방되지 못한 영혼』은 2차 대전 후 일본의 전쟁 책임을 대신 짊어지고 전쟁범죄인이 된 조선인 BC급 전범들에 관해 집중 분석한 연구서다. 또 저자인 우쓰미 아이코 교수는 조선인 BC급 전범 연구의 제1인자이기도 하다. 조선인 군속들이 전범으로 몰리게 된 과정을 자세히 분석하였고, 그들 또한 일본제국주의의 이용된 가해자임과 동시에, 통치구조 속에서 희생당한 피해자임을 밝혀내어, 일본의 전쟁책임에 대해 다시 한 번 고발한다. 아울러 일본군의 최말단인 포로감시원으로 이용당하고 외국인이라는 이유로 보상을 제대로 받지 못하고, 조국에서도 각종 의혹의 눈길을 받으며 외로운 인생을 보냈던 그들의 삶을 깊숙이 들여다보았다.

6. 동아시아와 관계맺기

동남아 경제의 세계화와 동아시아 통합 | 박번순
떠오르는 인도와 동아시아 | 이옥순
아시아 속 유럽 | 황인원
시간이 바꿔놓은 한국인과 몽골인의 운명 | 이평래
러시아와 동아시아 | 한정숙

동남아 경제의 세계화와 동아시아 통합

박번순
삼성경제연구소 연구전문위원

중국 상하이의 와이탄 야경

동남아, 적어도 선발 동남아 5개국(싱가포르, 말레이시아, 태국, 인도네시아, 필리핀)의 경제성장은 세계경제와의 상호작용을 통해 이루어졌다. 이미 1970년대부터 외자유치를 통해 경제개방을 한 싱가포르는 한국, 타이완, 홍콩과 함께 아시아의 '작은 용'으로 인정받았고 태국과 말레이시아도 1980년대 중반 수출주도형 성장전략으로 고도성장을 달성하면서 1990년초가 되면 제 5, 6의 용龍으로 인식되었다.

이들 동남아 선발국가들은 자원과 노동력을 풍부하게 보유하고 성장

잠재력을 갖고 있었으나 1980년대 초반까지는 수동적으로 세계화에 참여하고 있었다. 식민지 경험과 자원을 바탕으로 수출주도형 공업화보다는 수입대체형 공업화에 중점을 두었던 것이다. 그러나 2차 석유파동과 이은 세계경제의 스태그플레이션으로 동남아는 1980년대 중반 경기침체를 겪었다. 새로운 전략이 필요했다. 동남아에게는 다행히도 선진국들이 85년 가을 플라자합의를 만들어 냈다. 1970~80년대 산업기술을 바탕으로 형성된 일본의 경쟁력을 인위적으로 저하시키기 위해 엔화가치를 올리기로 합의한 것이다. 엔화 가치가 상승하면서 일본기업은 동남아로 진출하기 시작했고, 한국과 타이완 기업도 동남아로 뒤따랐다. 동북아 기업의 투자와 함께 동남아는 수출주도형 전략으로 고도성장을 시작했다. 동남아가 과거의 수동적 세계화에서 적극적 세계화로 방향을 전환한 것이다.

1985년 이후 동남아 경제의 세계화 과정은 크게 3개의 기간으로 구분할 수 있다. 1기는 1987년부터 1996년까지 10년간의 장기 호황 기간, 2기는 97년부터 2002년까지의 혼란기, 그리고 3기는 2003년 이후 현재까지의 회복기이다. 이 3개의 기간은 동남아 경제의 적극적 세계화와 함께 전개되었으며 동아시아라는 맥락에서 보면 "수동적 동아시아 통합기", "전이기간", 그리고 "적극적 동아시아 통합기"로 명명할 수 있을 것이다.

1기는 일본을 비롯한 한국, 타이완 기업들이 투자에 힘입어 동남아가 고도성장한 시기이다. 동북아 기업은 노동집약적 제조상품을 생산하여 미국이나 제 3지역으로 수출을 했다. 동남아의 제조업 생산과 수출이 급속히 증가했다. 그러나 동북아 기업들은 동남아의 산업기반 취약으로 모국에서 중간재와 자본재를 수입했다. 특히 동남아 경제의 세계화 과정에서 일본의 역할은 지대했다. 비록 동남아에 진출한 한국과 타이완 기업들도 모국에서 수입을 했으나 양국 모두 부품과 중간재를 일본에 의존하고 있었기 때문에, 양국의 대동남아 부품 및 중간재 수출에는 일본의 부품이나 중간재가 상당 부분 녹아 있었다. 일본은 직접 수출뿐만 아니라 한국과 타이완을 통해 간접 수출도 하고 있었던 것이다.

따라서 동남아는 일본에게 시장을 제공하면서 막대한 무역수지 적자를 기록하게 되었고 이를 보전하기 위해 미국 등 제 3국 시장을 개척해야 했다. 동남아의 세계화가 수입은 일본에서 수출은 미국이라는 형태로 진행되었던 것이다. 따라서 동남아 경제는 일본, 한국, 타이완 등과 통합되고 있었으나 여전히 미국과 EU는 중요한 경제협력 대상이었다. 동아시아와의 통합은 중간재, 부품, 자본재를 조달하는 수동적인 것이었고 그래서 일방향적인 반쪽짜리 통합이었다.

2기는 97년 외환위기와 함께 시작되었다. 이미 96년부터 태국을 중심으로 동남아의 수출경쟁력이 급속히 저하되었고 경상수지 적자가 폭증했다. 그리고 1997년 동남아는 외환위기의 폭풍 속으로 들어갔다. 중국의 세계경제 편입으로 인한 동남아의 경쟁력 저하, 자체 기술기반이 취약한 가운데 장기 호황 과정에서 비효율적 과잉투자 등이 주요 원인이었지만 세계화, 특히 금융의 세계화를 잘 관리하지 못한 체제의 문제도 있었다. IMF의 프로그램이나 자체 프로그램을 통해 동남아는 구조조정을 추진했다. 여기에 미국의 IT경기도 호조를 보여 동남아 경제는 1999~2000년 일시적으로 회복되는 듯했으나 2001~2002년 기간 9·11테러와 IT 버블의 붕괴로 다시 한 번 큰 타격을 받았다.

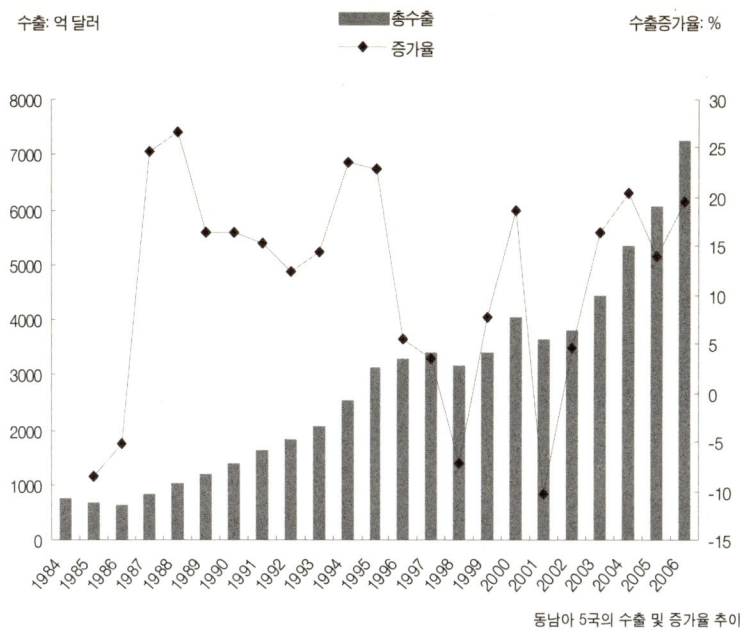

동남아 5국의 수출 및 증가율 추이

    달리 보면 이 기간은 일본의 장기 침체 속에서 동남아 경제의 과도한 미국 의존도가 야기한 부작용이 드러났던 시기였다. 중국의 등장과 동남아의 생산비용 증가로 인한 수출경쟁력 저하가 미국 시장에서 동남아의 입지를 축소시켰으나, 동남아 자원의 주요 시장이었던 일본이 경기침체로 시장의 역할을 하지 못한 상태에서 아직 확고한 대체시장은 존재하지 않은 시기였다. 그래서 IT버블 붕괴로 인한 미국경기의 하락은 동남아에 큰 타격이 되었다. 예컨대 2001년 동남아의 수출은 10.3%가 감소했는데 이는 외환위기 직후인 1998년 수출 감소율 7.1%보다 더 심각한 것이었다. 동남아는 새로운 수출시장으로서 중국의 등장을 기다려야 했다.

3기는 2003년 수출붐과 함께 시작되어 오늘에 이르고 있다. 2002년 수출은 4.5% 증가하는 데 그쳤으나 2003년에는 16.5%가 증가했고 2004년 에는 다시 20.4%가 증가했다. 동남아의 수출회복에 가장 큰 기여를 한 국가는 중국이었다. 홍콩을 포함한 중국에 대한 동남아 선발 5개국의 수출비중은 2002년 11.6%로 미국의 17.7%, 일본의 12.3%에 미달했으나 2006년에는 15.4%로 미국 13.7%, 일본 10.4% 보다 높아졌다. 또한 동남아의 수입에서도 중국은 최대의 수입대상지로 부상했다. 2002년 동남아 5개국의 대일본 수입은 전체의 16.8%이었고 대중국 수입은 9.6%에 불과했으나, 2006년에는 대중국 수입이 13.0%로 대일 수입 12.2%를 상회하게 되었고 이는 미국 10.5%보다 훨씬 많아진 것이다. 결국 3기의 동남아 경제의 세계화와 통합은 중국과의 통합이라는 특징을 갖는다. 나아가 1기에 동남아와 동북아의 관계는 일방적이었다면 3기에서는 중국이 수출과 수입 모두 최대의 교역대상국이 되었다는 점에서 양방향적인 관계라고 하겠다.

동아시아 전체를 보면 1기에서는 동아시아 역내에서 자원조달과 생산은 가능했으나 소비시장이 없었다. 3기의 경우 중국이 주요 시장으로 부상함으로써 동아시아 역내에서 자원, 생산, 소비시장이 모두 갖춰진 것이다. 이러한 동아시아 경제의 통합이 지속적으로 발전할 것인가는 이제 중국에 달려 있다. 중국이 내수를 개발하여 미국의 압력에도 불구하고 계속 성장할 수 있다면 동남아 경제도 계속 성장을 하겠지만, 그렇지 못하다면 현재의 동아시아 통합이 살얼음판처럼 깨질 수도 있다. 동남아 경제를 볼 때 다시 중국을 돌아봐야 할 이유다.

동남아 경제와 화교자본

동남아 경제의 특징 중의 하나는 화교자본의 영향력이 크다는 점이다. 예일 대학의 중국사학자 조너단 스펜스는 '현대 중국을 찾아서'에서 19세기 중후반 "중국인의 품삯은 당나귀 하루 사료 값에도 미치지 못했고 당나귀는 먹이를 줘야 했으나 일군은 해고하면 그뿐"이라고 했다. 이런 열악한 사정을 벗어나기 위해 중국인들은 신천지를 찾아 지리적으로 가깝고 중국 이민의 역사가 오래된 동남아에 정착했다.

오늘 싱가포르와 말레이시아의 최대 화교기업집단의 하나인 홍릉Hong Leong그룹의 창업주 곽홍Kwek Hong Png은 1928년 16살의 나이로 이불 한 채만 짊어지고 복건성에서 싱가포르행 밤배를 탔다. 그 보다 9년 앞서 현재 태국 최대 기업집단으로 성장한 CP그룹의 창업자는 24살에 동생과 함께 산투에서 홍콩을 거쳐 방콕으로 이주했다. 한 때 동남아 최대의 기업집단이었던 살림그룹을 창업한 스드노 살림 역시 1930년대에 20대 초반의 나이로 복건성을 떠나 인도네시아에 정착했다.

이들은 고향 출신 혹은 친지의 도움을 받아 작은 가게를 차리고 사업을 시작했다. 식품, 농기구 판매, 전당포, 음식숙박업에서 시작된 그들의 사업은 은행으로 호텔로 그리고 백화점으로 발전하였다. 화교자본은 동남아의 기업가정신의 원천이었고, 다국적기업이나 공공자본과 함께 동남아 자본주의를 지탱하는 주요한 지주가 되었다. 동남아의 개발독재 정부도 경제성장을 위해 화교자본을 이용했고 화교자본도 정권을 이용해 부를 쌓아 나갔다. 그 결과 1990년대 전반 동남아에서 차지하는 화교는 동남아 각국의 민간부문 부富의 상당 부분을 장악하게 되었는데 예컨대 인구 3.5%의 화교가 인도네시아 상장기업 시가총액의 70% 이상을 통제할 수 있게 되었으며 10%의 화교가 태국에서 역시 상장기업

시가총액의 80%를 장악하고 있었다.
 그러나 외환위기는 화교자본에 큰 타격이 되었다. 부동산, 금융 등 자산가격 폭락으로 화교자본은 부의 상당부분을 상실했고 남아있던 자산도 기업 및 금융구조 조정 과정에서 정부에 귀속되거나 외국투자가들에게 팔려 나갔다. 이제 외환위기의 잔영이 사라진 지금 동남아는 다시 화교자본과 화교기업가의 혁신을 기다리고 있다. 외환위기 이후 동남아 경제가 세계 경제 속으로 편입된 지금, 과거와 같은 화교자본의 연고에 의한 사업은 어려워지고 있으나 그들이 가진 창업정신은 동남아 경제에 소중한 것이기 때문이다.

관련 서적 소개

① 박번순 지음, 『아시아 경제, 힘의 이동: 일본에서 중국으로 옮겨가는 경제주도권』(삼성경제연구소, 2002).

　　동아시아 경제의 과거 성장과 요인을 살펴보고 중국의 부상 및 그 의의를 아시아 전체의 맥락에서 다각도로 분석함으로 아시아 경제의 질서 변화 과정을 살펴보고 있다. 책은 기본적으로 중국의 성장이 기존의 아시아 경제 질서를 변화시키고 있다고 본다. 또한 현재 아시아 경제가 중국과 일본의 주도력 변화과정에 있다는 사실을 다양한 자료를 통해 제시하고 있다.

② 윤진표 편, 『동남아의 경제성장과 발전전략』동아시아연구단 총서 2(도서출판 오름, 2004).

　　동남아의 과거 성장 발전전략을 동남아 전공 다수의 학자들이 참여하여 분석한 책이다. 기본적으로 1997년 태국에서 시작되어 동아시아 전 지역을 강타한 경제위기를 설명하기 위해, 동남아시아 경제 성장과 발전전략을 새롭게 분석했다. 또한 이러한 분석 결과를 바탕으로 경제위기의 발생과 원인에 대한 설명을 자연스럽게 도출하고 있다.

③ 박번순 편, 『아시아경제, 공존의 모색: 중국의 부상과 동아시아의 생존전략』(삼성경제연구소, 2005).

　　중국의 성장으로 인해 동아시아가 어떻게 영향을 받고 있는가를 분석했다. 한국, 일본, 타이완, 싱가포르 연구자들이 참여하여 개별 국가들과 중국의 경제협력관계, 중국의 부상이 주는 도전, 각국의 대응을 살폈다. 또한 중국을 통한 동아시아의 통합이 전체의 이익이 되기 위해서는 어떻게 협력해야 하는가를 분석하고 있다.

떠오르는 인도와 동아시아

이옥순
서강대 동아연구소 교수

한동안 비동맹국의 맹주였던 인도는 이제 실리외교를 전환
동아시아를 비롯한 여러 지역과 경제적·정치적 협력관계를 강화하고 있다.
사진은 인도 실리콘밸리 뱅갈로르시의 거리 모습(사진제공: 저자)

알렉산드로스 이래 인도 서방의 많은 이들이 말을 타고 힌두쿠시 산맥을 넘어 인도에 갔다. 그들은 인도를 무력으로 진압하고 많은 금은보화를 약탈했다. 근대에는 영국과 프랑스를 비롯한 유럽의 여러 국가들이 배를 타고 바다로 인도에 갔다. 강한 군사력에 근거한 그들도 부와 재물에 대한 욕망으로 인도를 찾았다. 여행은 연인들의 만남으로 끝난다는 말이 있으나 이들의 인도행은 늘 인도에 비장된 황금의 약탈로 막을 내렸다.

    그렇게 오랫동안 이방인을 매혹하던 인도에서 다시 '황금'이 발견되었다! 얼마 전까지 가난하고 더러운 제3세계로 폄훼되던 인도는 빠른 경제발전과 더불어 역동적 사회와 미래를 가진 국가로 평가되며 여러 나라의 애정공세를 받고 있다. 2세기 동안 영국의 식민통치를 받은 아픈 기억을 안고 세계로부터 반세기간 은둔하다가 1991년 경제자유화로 노선을 바꾼 지 16년, 평균 7~8%의 고도성장을 지속하는 오늘날의 인도에는 미국과 러시아 등 서방국가는 물론 중국과 일본 등 동아시아 국가들이 쏜 '큐피드의 화살'이 쏟아진다.

    2003년 'Dreaming with BRICs'를 펴낸 골드만삭스가 앞으로 30~50년간 가장 빠르게 성장할 잠재력을 지녔다고 전망한 인도는 세계 각국의 '찐한' 구애에 모두와 협력하는 미래지향적 외교정책으로 반응한다. "한 국가의 외교정책에는 국내정책이 반영"된다는 말이 있듯이 17개의 공용어와 수많은 인종과 문화가 공존하는 인도에서 연방정부가 주진하는 다원주의적·연방주의적 국내정책이 외국과의 관계에도 적용된다. "진리는 하나가 아니다", "우리에게 적은 없다. 오직 동지만 있을 뿐"이라는, 곧 특정한 세력과 강력한 동맹을 맺기보다 전략적 자치권을 확보하는 관계의 다원화를 추구하는 것이다. 물론 그러한 정책의 저변에는 '용龍'으로 상징되는 중국의 부상에 대한 경계심이 자리를 잡고 있다.

오늘날 인도의 가장 가까운 우방국은 인도의 최대 교역국이자 전략적으로 가장 중요한 미국이다. 위협에 대한 공포가 위협보다 더 무서운 법일까. 역사적으로 아랍과 페르시아 등의 이슬람 세력과 영국과 프랑스와 같은 서구세력의 침입과 정복을 천 년 이상 경험한 인도는, '아시아의 호랑이'에서 '글로벌 호랑이'를 지향하는 중국을 견제할 대항마로 인도를 선택한 미국의 손을 기꺼이 맞잡았다. 위협적인 가까운 나라 중국을 견제하려고 먼 나라 미국과 장기적 견지에서 방위와 안보에 관한 협력관계를 맺은 것이다. 미국은 올해 핵확산조약 비가입국인 인도에 민수용 핵연료와 기술을 제공하기로 약속해 인도와의 동반자관계에 힘을 실어주었다.

인도는 세계의 지붕인 히말라야를 두고 장장 2000km의 국경을 인접하는 중국과 1962년 국경분쟁을 치렀고 이후 반목을 지속해왔다. 인도는 아시아의 강대국을 노리는 중국이 남아시아에서 헤게모니를 추구한다고 자국을 비판하며 그 성장을 경계하는 것에 예민하게 반응했다. 중국과 미래의 경쟁관계를 의식한 인도는 주변국들이 중국의 영향권에 편입되는 데에도 의구심을 가졌다. 더욱이 중국은 인도의 숙적인 파키스탄과 1965년부터 우호관계를 유지하며 핵무기의 기술과 장비를 이전했고, 인도양을 노리고 버마와 친분관계를 지속했다. 또한 인도와 역사적 관계를 가진 방글라데시, 네팔, 스리랑카와도 친선을 다지며 영향력을 확대했다. 얼마 전에는 방글라데시가 자국의 항구인 치타공을 중국 해군이 이용하도록 허용해 인도를 아프게 만들었다.

그럼에도 실리적인 인도는 '백전백승을 위해 지피지기'하는 중국의 전략적인 접근에 호응했다. 양국은 군사적 이해관계를 초월하여 경제적으로

서로 배우고 협력하는 동반자 관계를 표방했다. 2006년 11월, 인도를 방문한 중국의 후진타오 주석과 인도의 만모한 싱 총리는 양국의 숙원인 국경분쟁을 타결하고 무역과 경제협력을 다짐했다. 그 상징으로 1962년 국경전쟁 이후 폐쇄된 중국 - 인도의 나투라 고갯길이 재개되었다. 중국은 이미 미국에 이어 인도의 제2의 교역국이 되었다.

하드웨어에 뛰어난 중국과 소프트웨어의 강국인 인도가 협력하면 21세기의 정보기술IT산업을 '아시아의 세기'로 만들 것이며, 양국이 합세하면 세계 질서를 바꿀 것이라는 전망과 기대가 쏟아지는 가운데 올해 초 아세안 정상회의가 끝난 뒤 양국의 총리는 다시 만났다. 양국의 필연적인 경쟁관계를 강조하는 세간의 눈을 의식한 중국의 원자바오 총리는 "남들이 뭐라고 하든지 양국은 우호적 이웃"이라고 선언하고 경제관계의 강화를 재확인했다. 지난달 말 인도와 중국은 합동군사훈련을 가져 지역 평화와 세계 평화에서의 양국의 중요성을 대외에 과시했다

그러면서도 인도는 중국의 경쟁국인 일본의 접근에도 화답했다. 11억 명이 넘는 거대한 시장을 보유하고 폭발적 경제성장을 기록하는 인도에서 중국에 뒤지고 있다는 위기감을 가진 일본은 중국을 견제하기 위해 인도와의 관계를 강화하는 것이 필수라고 인식했다. 인도는 지난해 12월 일본과 "아시아 역사의 새 장을 여는 강력한 파트너가 될 것"과 "2007년 안에 자유무역협정보다 차원이 높은 경제연대협정EPA을 체결할 것"을 합의했다. 2007년 8월 일본의 아베 총리는 200명의 사절단을 이끌고 인도를 국빈 방문하여 3년 안에 교역액을 200억 달러로 확대하기로 하는 등 경제적·정치적 협력관계를 다지기 시작했다.

한동안 비동맹국의 맹주였던 인도는 동아시아의 강국인 중국과 일본의 경쟁관계를 이용하는 등거리외교로, 양국의 균형자로 역할하며 여러 가지 이득을 챙길 것이다. 이미 일본은 인도를 핵보유국으로 인정했고, 인도 제조업의 발전에 필요한 교통과 항만시설의 정비에 30조 원을 투자하기로 약속했다. 중국도 인도가 유엔안보리상임이사국이 되도록 지지하기로 합의했다. 인도 - 중국, 인도 - 일본의 파트너십이 동아시아는 물론 세계 평화와 발전의 주요 요소가 될 가능성이 높아진 것이다. 앞으로 인도를 빼고 동아시아를 생각할 수 없을지도 모르겠다. 우리나라도 동아시아의 균형자로 떠오른 인도의 중요성을 '재발견'해야 할 것이다. "영원한 우방이란 없다. 영원한 이해관계만 있을 뿐"이라는 말도 있지 않은가.

우리 안의 인도

　인도에 대한 우리의 시선은 아직 미약하다. 연전에 한국인이 인도를 어떻게 인식하는가를 조사했는데, 무작위로 설문에 참여한 직장인과 학생 등 이른바 '보통사람'인 응답자들은 인도를 전통적이고 종교적인 나라라고 대답하여 '과거의 인도'에 비중을 두었다. 카스트 제도와 빈곤을 인도의 가장 큰 사회 문제라고 지적한 다수의 응답자들은 인도의 미래를 '현재와 같은 수준'일 것이라고 비호의적으로 전망했다.

　'과거 있는 인도를 좋아하고 미래 있는 인도'를 덜 좋아하는 한국인의 인도에 대한 인식은 우리나라 언론이 인도를 다루는 방향이나 방식과 크게 다르지 않다. 그날 설문에 응답한 사람들의 65%는 인도에 관한 정보를 신문과 잡지, 방송 등 언론에서 얻는다고 대답했다. 결국 우리의 심상지리에 인도에 대한 이미지를 부정적으로 생산하고 재생산하는 '주범'은 언론인 셈이다.

　오랫동안 우리나라 언론은 주로 부정적이고 낙후한 '제3세계' 인도를 소개했다. 자연재해와 질병, 사건과 사고로 얼룩진 후진국인 그곳에서 죽은 사람들의 가치는 평가절하되고 객관화되었다. 인도인 수백 명의 목숨은 미국인 몇 명의 죽음보다 언론의 시선을 끌지 못했다. 세계 인구의 6분의 1과 세계 7위의 넓은 영토를 가진 인도 관련 기사는 상대적으로나 절대적으로 적었다.

　IT 산업과 인도 경제발전을 다룬 기사와 기획연재물이 등장한 최근 몇 년을 제외하면, 긍정적이거나 호의적으로 인도를 보도한 언론기사는 드물었다. 주로 인도의 빈곤과 불행, 저발전의 이미지가 현재진행형으로 보도되었을 뿐. 그 속에서 우리 언론이 좋아하는 인도란 영혼의 땅이자 요가와 명상의 나라의 아류였다. 내 설문에 응답한 이들이 광대한 영토와 인구를 가진 인도의 미래를 '세계인의 영적 고향'으로 동일시한 건 우연이 아니었다.

최근 우리나라의 미디어는 경제자유화로 방향을 선회한 뒤 경제대국으로 부상하는 인도를 자주 다뤄 과거가 아닌 현재의 인도에도 관심을 두고 있다. 그러나 많지 않은 그 내용은 동반자로서의 인도보다 우리 기업들이 인도에서 벌이는 경제활동과 우리의 경제적 이득을 보장하는 잠재적 시장으로서의 대상인 인도에 치중된다. 역동성과 미래를 가진 주체로서의 인도는 여전히 드물다.

우리 언론에는 간간이 인도에서 한국 문화 또는 한류에 대한 관심이 증가한다는 기사가 소개된다. "우리는 (너희들처럼) 그렇지 않다"라고 인도를 내려다보면서도 그들이 우리를 알아주는 걸 기뻐하는 모순이다. 사실 인도를 가보지 않은 대다수의 사람들은 미디어를 통해 인도의 문화와 사회를 이해하고 내면화하게 마련이다. 타자의 이미지를 형성하고 이해하는 매개로 중요한 역할을 하는 언론이 "인도가 우리를 알아주기보다 우리가 인도를 알지 못함을 걱정"하는 자세를 가졌으면 하고 기대해본다. 그것이 진정한 시작이다.

관련 서적 소개

① 이옥순 지음, 『우리안의 오리엔탈리즘』(푸른역사, 2002).

　1990년대 우리나라에서 나온 소설, 여행기와 문자미디어에서 보고 정의하는 자의 '전지전능한' 시선으로 박제되고 복제되는 인도의 부정적 이미지를 분석한다. 그런 이미지를 통해 서구를 중심에 두고 동양을 내려다보는 우리의 무의식도 알려준다.

② 이옥순 지음, 『인도에 미치다』(김영사, 2007).

　요가와 명상의 나라로 알려진 인도가 금, 후추, 모슬린과 같은 황금 자원을 가진 탓에 수많은 이방의 침입자에게 정복되고 약탈되는 역사를 담은 이 책은 잘 알려지지 않은 인도의 물질적 풍성함과 이방인의 끊임없는 정복을 받고도 살아남은 인도인의 질긴 생명력을 알려준다.

③ 아마티아 센 지음, 이경남 옮김, 『살아있는 인도』(청림출판, 2008).

　노벨경제학상을 받은 인도 석학 센은 인도를 제대로 살피지 않고 '힌두교의 나라'로서 이해하는 걸 비판하면서 사회, 정치적 관점에서 인도의 저력을 설명한다. 최근에 인도가 급부상하는 이유를 특수성과 다양성과 같은 인도의 특성을 통해 알려준다.

④ 에드워드 루스 지음, 최준석 옮김, 『떠오르는 인도』(베리타스북스, 2008).

　인도에서 근무한 영국 파이낸셜타임스의 기자가 최근 인도가 부상하는 이유와 그 방향을 기술한 책이다. 특히 제7장에는 인도와 중국과 미국이 벌이는 '삼각 댄스'가 재밌게 설명되었다. 저널리스트의 시각으로 인도인의 마음을 움직이는 '것들'과 미래 지구촌에서 인도의 위치와 역할의 변화가 기술되었다.

⑤ 앨런 윈터스 지음, 김준희·김지숙 옮김, 『세계은행의 중국·인도 경제전망』(W미디어, 2008).

　세계은행의 경제전문가 13인이 세계 인구의 37.5%를 차지하며 급성장중인 중국과 인도의 2005~2020년 글로벌경제를 긍정적으로 예측하였다. 중국과 인도의 경제성장이 지속 가능한지, 그 수혜자는 누구인지, 다른 국가에는 어떤 영향을 미칠지를 다각도로 다뤘다.

아시아 속 유럽

| 호주의 정체성 딜레마

황인원
경상대 정치외교학과 교수

아시아 속 유럽국가인 호주에게 동아시아는 애증의 대상이다.
사진은 지난 9월 호주에서 열린 아시아·태평양경제협력체(APEC) 회의에서 존 하워드 호주 총리가 회원국 정상선언을 발표하는 모습
(사진제공: 경향신문)

최근 들어 '동아시아'라는 용어를 우리 주변에서 부쩍 많이 접하게 된다. 지난 몇 년간 인문·사회분야의 각종 학술모임에서 동아시아에 관한 논의가 주요 담론으로 등장했고 학자들의 연구과제에도 동아시아 관련 주제가 눈에 띄게 늘었다. 사실 동아시아라는 용어가 우리에게 그리 낯선 것은 아니다. 그러나 전통적으로 동아시아가 한국, 중국, 일본으로 대변되는 동

북아 3국을 의미하는 경향이 강했던 것에 비해, 최근 논의되는 동아시아의 범위에는 동북아와 동남아를 아우른다는 점에 주목할 필요가 있다. 이러한 변화는 비단 학계에만 국한되는 현상이 아니다.

우리에게 IMF사태로 기억되는 1997년 경제위기 이후 동아시아 국제질서의 재편과정은 이행의 속도는 물론 변화의 내용에 있어서도 실로 역동적이다. 1997년 제1차 '아세안+3(한국·중국·일본) 정상회의'를 계기로 아세안+3 협력체제가 본격적으로 출범하였으며, 이후 이를 바탕으로 동아시아 공동체East Asian Community 형성에 관한 움직임이 활발하게 진행되고 있다. 아세안+3 정상회의는 1997년 이후 매년 개최되면서 동아시아 지역에서 정치, 경제, 사회, 문화 부문의 협력증진을 실질적으로 발전시켜가고 있다. 뿐만 아니라 최근에는 동아시아의 범주에 관한 논란이 가열되면서 '아세안+3 정상회의'와 별도로 호주, 뉴질랜드, 인도까지 포함하는 '동아시아 정상회의'도 개최되고 있다. 2007년 11월, 싱가포르에서 제11차 아세안+3 정상회의와 함께 제3차 동아시아 정상회의가 동시에 개최된 것도 이런 배경에서다. 바야흐로 '동아시아 전성시대'라고 할 수 있다.

그렇다면 과연 호주, 뉴질랜드, 인도가 동아시아 국가의 일원으로 분류될 수 있을까? 역사·문화·종교적으로 동남아와 밀접한 관계를 지니는 인도는 차치하고, 아시아 속의 유럽으로 인식되는 호주와 뉴질랜드가 지니는 아시아적 역사성은 무엇인가? 특히, 배타적인 백인우월주의를 선호하는 역사·문화적 전통을 지니고 있는 호주에게 아시아는 어떤 존재로 인식되는가? 이는 최근 전개되는 동아시아 지역주의의 발전과정과 호주의 상관관계를 이해하는 데 있어서 제기되는 핵심적 문제들이다.

주지하다시피 호주는 영국의 식민지로 출발했다. 독자적인 주권을 행사하는 독립국이지만 호주는 여전히 영국 여왕을 국가수반으로 삼고 있다. 호주는 지리적으로 아시아에 인접해 있으면서도 인구 구성에 있어서 유럽계가 차지하는 비중이 90%를 넘는다. 전체 인구에서 동양인이 차지하는 비중이 지속적으로 증가하고는 있으나, 아시아인의 호주 이민은 여전히 높은 진입장벽에 제약을 받고 있다. 이처럼 호주가 아시아 속의 유럽으로 분류되는데 있어서 타의적인 요소도 있으나 다분히 자의적인 측면이 강하다.

호주는 알라스카를 제외한 미국 본토와 비슷한 크기의 '거대한 대륙국가'다. 그러나 호주인들은 자신들이 유럽과의 역사적·문화적 끈을 놓는 순간 아시아에서 인구 2000만에 불과한 작은 섬나라로 전락할지 모른다는 위기감에 항상 사로잡혀 있다. 호주가 자신의 머리끝에 위치한 인구 2억이 넘는 인도네시아를 가장 두려운 존재로 여기며 인도네시아의 정치, 경제, 사회적 현안에 대해 지나칠 정도로 민감하게 반응하는 것도 이런 맥락에서다. 경제적 측면에서 일본에 지나치게 의존적인 면은 차치하고라도, 엄청난 인구를 바탕으로 무섭게 성장하는 중국도 호주의 입장에서는 두려운 존재다. 아시아 속의 '작은' 유럽 국가인 호주가 '황색공포 Yellow Peril'에 시달리고 있다는 말도 과언은 아니다.

그러나 아시아는 호주에게 '생존'의 위협과 함께 '번영'의 기회도 제공하였다. 2차 대전 이후 일본은 호주의 최대무역국으로 등장하였고, 중국 역시 호주의 중요한 시장으로 부각하였다. 태국, 말레이시아, 싱가포르, 인도네시아 등 동남아 국가들도 최근 호주의 지속적 발전을 보장하는 최적의 투자지역으로 평가받고 있다. 1990년대 이래 호주의 10대 무역상대국

중에서 미국, 영국, 뉴질랜드를 제외한 7개국이 모두 동아시아 국가들이라는 점도 주목할 만하다. 인도네시아어, 중국어, 일어 등이 호주의 초·중·고등학교 학생들이 가장 많이 선택하는 제2외국어라는 사실도 호주와 동아시아의 특수한 관계를 잘 보여준다. 이처럼 호주에게 동아시아는 애증의 대상이었다.

'아시아 국가들로부터 호주 지키기'라는 호주의 생존전략이 변화한 것은 1970년대 이후였다. 정치적으로 아시아·태평양 지역에서 미국 중심으로 안보체제가 재편되었고, 경제적으로 유럽의 지역주의 경향이 심화되는 상황에서 호주는 생존전략의 수정이 불가피하였다. 아시아에 인접한 호주가 유럽시장을 대체할 새로운 수출시장의 개척이 절실해진 것이다. 이러한 정치·경제적 상황의 변화 속에서 대안으로 등장한 지역이 동아시아였던 것이다. 호주의 입장에서 볼 때 동아시아는 정치·안보적으로 미국과의 동맹관계를 강화하면서 경제적으로 아시아 국가들과의 상호의존을 심화시킬 수 있는 교차지역이었던 것이다. 1980년대 노동당 정부가 집권하면서 호주의 대외정책이 '탈유럽 아시아화'로 전격 전환되었다. 호주가 아시아·태평양경제협력체APEC의 출범을 적극 주도했던 것도 이러한 배경에서다.

그러나 1996년 노동당 정권의 총선 패배와 자유-국민 연립당의 집권은 호주의 대아시아 정책에 또 다른 전환점을 제공했다. 특히 9·11테러사태 이후 존 하워드John Howard 호주 총리는 노골적으로 '탈아시아 미국중심'의 안보·경제외교를 강화하는 경향을 보여 왔다. 동아시아 경제위기의 와중에 폴린 핸슨Pauline Hanson과 일국당One Nation Party으로 대변되는 배타적 백인우월주의가 호주사회에서 다시 각광을 받게 되었던 것도 하워드 정부의 탈아시아 정책과 무관할 수 없다. 물론 아시아인 혐오와 인종차별에 대한 핸슨의 주장이 대다수 호주인의 정서를 반영하는 것은 아니었다. 그럼에도 핸슨의 주장이 백호주의 폐지 이후 음지에 머물렀던 호주 백인사회의 불만을 양지로 끌어내며 하워드 정부의 '탈아시아 미국중심'의 정책에 힘을 실어주었다는 점은 부인할 수 없다. 그간 공들여온 호주사회의 아시아적 정체성 역시 크게 훼손되었음은 두말할 나위도 없다.

2007년 11월, 친親중국계 인물로 대표되는 케빈 러드Kevin Rudd 노동당 대표가 총리로 취임하면서 호주는 새로운 전환의 기회를 맞이하였다. 문제는 새롭게 부상하는 동아시아 지역협력의 과정에서 호주가 동아시아의 일원으로서 어떻게 자리매김을 할 수 있을 것인가이다. 생존과 번영의 연결고리를 동아시아에 두고 있는 호주가 '잃어버린 10년'의 세월을 극복하고 아시아적 정체성을 다시 주장하는 것이 그리 녹록해 보이지 않는다. 최근 들어 동아시아 지역주의의 발전과정에 참여하기를 갈구하는 호주의 입장이 일견 궁색해 보이는 것도 무리는 아니다. 2000년대에 접어들어 급변하는 동아시아 국제질서의 변화에도 불구하고 동북아중심국가론을 외교 전략의 기조로 내세웠던 참여정부의 오류는 차치하고라도, 이명박 정부하에서도 전통적인 미일동맹의 복원이 지나치게 강조되면서 동아시아 지역협력의 확대와 심화에 둔감한 반응을 보이는 한국 역시 호주의 경험을 반면교사로 삼아야 할 것이다.

관련 서적 소개

① 양승윤 지음, 『호주·뉴질랜드』(한국외국어대학교출판부, 2006).

　호주·뉴질랜드는 총 13장으로 구성되어 있다. 그 중에서 총 11장이 호주에 관한 내용이다. 호주는 우리에게 캥거루, 또는 '오페라 하우스' 등과 같은 상징동물 또는 건축물로 잘 알려져 있다. 그러나 호주의 수도가 시드니가 아니라 캔버라인 것을 아는 사람이 얼마나 많을까? 이렇듯 호주는 우리에게 친숙한 나라이지만, 반면에 정치, 사회, 문화, 역사적으로 잘 알려져 있지 않은 나라이기도 하다. 이런 측면에서 『호주·뉴질랜드』는 우리에게 호주라는 나라를 잘 알려주는 책이다. 본문은 1장의 호주 개관을 시작으로 호주의 역사, 정치, 외교정책, 국제관계, 국내경제, 대외경제, 사회와 문화, 일상생활, 도박산업, 원주민 사회에 관한 이슈가 순서대로 소개되고 있다. 각 분야의 전문가에 의해 소개되고 있는 다양한 내용들은 호주의 과거와 현재의 모습을 여러 각도에서 설명해준다.

② 문경희 지음, 「호주 다문화주의의 정치적 동학: 민족 정체성 형성과 인종·문화 갈등」 『국제정치학회보』(2008).

　호주의 다문화주의 정치 동학에 관해 살펴보는 위 논문은 호주에서 인종, 에스닉 공동체 간의 갈등을 해결하기 위해 국가의 이민, 문화 정책의 근간으로 도입된 다문화주의가 정치적 이해관계에 따라 경합되고 있다는 문제 인식에서 출발한다. 위 논문은 백인 우월주의가 여전히 잔재한 호주사회에서 백인과 소수 인종공동체 간에 발생하는 갈등은 구조화 된 인종적 위계관계의 해체 없이 해결하기 어렵다고 지적한다. 호주에서 인종적 문제를 은폐한 채 문화 다양성에 초점을 맞춘 다문화주의가 표방한 '차이 속에 공존' 방식은 오히려 공동체 간에 문화적(에스닉, 인종적) 경계를 더욱 명확하게 하여 공동체 간의 분리를 심화시키는 역효과를 낳았다. 이러한 역효과는 보수적인 성향의 정치인들과 언론인들에 의해 더욱 표출되고 조장된 측면이 있다. 위 논문이 지적하는 호주의 이러한 다문화주의 정치 동학은 한국이 다문화 사회에 대응하는데 있어서 다문화주의의 원칙에 대한 고려와 함께 한국 사회에 한국인 단일 인종, 단일 문화 중심으로 위계화 된 권력질서를 해결하는 방식에 관해 깊게 고민해야 할 필요가 있다는 점을 시사한다.

③ Geoffrey Brennan and Francis G. Castle, *Australia Reshaped: 200 Years of Institutional Transformation* (Cambridge University Press, 2002).

　1901년에 호주가 영국의 식민지국가에서 영연방공화국으로 독립했다. 독립 100주년을 기념하며 편찬된 이 책은 호주의 정치적, 제도적 발전의 역사적 근원을 추적한다. 그뿐 아니라 이 책의 저자들은 호주에서 일어난 정치적, 제도적 변화, 사건에 관해 다학제적 또는 개인적인 관점에서 성찰한다. 본문에서 살펴보는 호주의 제도에는 복지, 경제, 민주주의, 젠더와 정치, 원주민 자결권, 식민통치 정당성, 정치 리더십 등이 포함된다. 이 책의 분석은 아주 명확하고, 풍부한 참고문헌과 국제비교를 제시한다.

④ Ien Ang, *On Not Speaking Chinese: Living between Asia and the West* (Routledge, 2004, 초판 2001).

　　혈통은 중국계이지만 인도네시아에서 태어났고 네덜란드에서 성장한 저자 Ien Ang은 호주에 정착한 이산자(diaspora)이다. 중국말을 못하고 인도네시아에 대한 기억도 전혀 없지만 저자는 호주사회에서 유럽인이 아닌, 또한 정통 호주인이 아닌 아시아인으로 정체되고 있다. 이와 관련해서 저자는 다문화사회를 표방하는 호주사회에서 호주의 민족 정체성은 여전히 백인인종 중심으로 형성되고 재생산되고 있다는 논의를 이 책을 통해 말한다. 저자는 자신의 삶의 경험에 바탕을 두고 호주의 인종정치, 다문화정치, 호주의 글로벌라에제이션과 중국인, 자신의 하이브리드 정체성 등에 관해 섬세하게 기술하고 있다. 탈식민주의 관점을 가진 저자는 다문화 호주사회에서 아시아계 호주인들은 여전히 '모호한 공간(space of ambivalence)'에 위치하고 이들은 다문화 호주 사회 내 완전히 포함된 것도 배제된 것도 아닌 회색영역에 위치해 있다고 지적한다. 이에 대해 저자는 호주 국가가 그동안 차이와 공존을 다루는데 있어서 '에스닉 공동체=이민자 공동체=주변부 문화', 반면에 '호주사회=앵글로 캘틱=중심 문화'라는 이분법적 관점으로 문화정치를 펼쳐왔기 때문이라고 설명한다.

시간이 바꿔놓은 한국인과 몽골인의 운명

이평래
한국외대 역사문화연구소 연구교수

몽골에서는 매년 7월 11~12일에 "나담"이라는 축제가 열린다. 이 때 가장 중요한 볼거리가 말 달리기 대회이다. 사진은 초원을 질주하는 소년 기수들(사진제공: 저자)

일전에 한 신문에서 몽골에 관한 기사를 보았다. 몽골에도 외국인을 적대시하는 극우단체가 있는데 현금을 많이 지니고 다니는 한국인들이 주로 피해를 본다는 내용이다. 기자는 현지 교민의 입을 빌어 여러 피해 사례를 보고하면서 상황이 이런데도 대사관에서는 팔짱만 끼고 있다고 비판하고 있다. 사람을 때리고 금품을 뺏는 것은 물론 몹쓸 짓이다. 대사관도 교민 보호라는 고유의 업무를 게을리 했다면 비판받아 마땅할 것이다. 그러면서도 내 마음 한 구석에서는 올 것이 왔구나 하는 씁쓸한 생각이 들었다. 한국인들이 극우단체의 표적이 된 것은 꼭 현금 소지 때문만은 아닌 듯 하다. 한국 사람들에 대한 반감이 이런 결과를 낳았다고 보는 것이 사실에 더 가까울 것이다.

몽골 사람들은 원래 한국 사람에 대해 참 좋은 감정을 갖고 있었다. 내가 처음 몽골에 간 1991년 무렵만 해도 분명히 그랬다. 한국인과 몽골인은 한 뿌리에서 나왔으니 잘 지내야 한다고 그럴듯한 설명까지 늘어놓는 사람도 있었다. 이런 호감은 확실히 같은 동아시아에 속한 중국인과 일본인에 대한 감정과는 큰 차이가 있었다. 무슨 특별한 이익도 없는데 한국에서 왔다고 하면 무조건 좋아했던 것으로 기억된다. 그 덕분에 나는 대접도 잘 받고 한국에서 태어난 것이 자랑스럽기까지 했다. 그러나 그 좋은 시절도 잠깐, 1990년대 중반 이후 한-몽 교류가 활발해지고 한국인들이 대거 몽골에 진출하면서 몽골인들의 한국에 대한 감정이 꼬이기 시작했다.

국내 언론이나 몽골 관련 책자에 자주 소개되는 것처럼 울란바토르 시내를 질주하는 승용차 절반 이상이 한국산 자동차다. 몽골을 찾는 외국 관광객도 한국 사람이 가장 많다. 몽골에 투자한 외국 업체도 숫자로만 따지면 한국이 수위 그룹을 형성한다. 하나님 말씀을 전한다는 선교사도 그 수나 활동 반경에서 한국 출신이 가장 많고 가장 넓다. 당연한 얘기지만 1990년대 초 몇 십 명에 불과하던 교민 수도 유동인구까지 합하면 4000여 명으로 늘어났다. 다른 나라 교민에 비하면 아직 턱없이 적지만 300만에 불과한 몽골

인구에 비하면 결코 적은 수가 아니다.

    몽골에 체류하는 한국인 중 절대다수는 중소 상공인들이나 선교사 또는 선교 목적의 봉사단체에 속한 사람들이다. 이들은 학교, 병원, 복지 시설을 건립하여 어려운 사람들에게 도움을 주고 척박한 여건에 자본을 투자하여 막 시작된 몽골의 시장경제 활성화에 기여한 측면이 있다. 그러나 일부 선교사들의 공격적인 선교 활동이 부처님만을 알고 자란 가난한 몽골인들의 마음에 상처를 안겨준 것 또한 부인하기 어렵다. 일부이기는 하지만 상공인들의 불법 탈법 행위는 기가 찰 정도다. 몽골에 퇴폐 유흥업소를 도입한 장본인들은 다름 아닌 우리 동포들이다. 그 주인들도 대부분 한국에서 간 사람들이다. 심지어 몇 년 전에는 한 대학 강의실에서 누드 사진을 찍다가 발각되어 몽골 사회에 큰 파장을 일으키기도 했다. 작년에는 몽골 정부에서 한국인들이 운영하는 가라오케에 대한 일제 단속을 벌였다는 보도도 있었다.

    사랑이 미움으로 변해서일까? 나는 매년 몽골에 갈 때마다 한국 사람에 대한 반감을 피부로 느낀다. 이는 비단 나만의 생각은 아닐 것이다. 몇 년 전 몽골을 다녀왔다는 이주노동자 센터에서 일하는 한 활동가도 그렇게 보고하고 있다. 자신이 탄 택시 운전사들이 모두 한국인을 싫어하더라는 것이다. 한국인에게 반감을 가진 몽골인 중에는 한국에서 일한 경험이 있는 사람이 많다는 말도 덧붙였다. 이유는 간단하다. 두들겨 맞고 욕먹고 비인간적인 대우에 대한 서러움 때문일 것이다.

    한국인에 대한 반감이 어느 정도인지 한 가지만 더 소개한다. 2008년 8월 7일 몽골의 대표적인 일간지 「우넹」(진리) 신문에 한국인이 투자한 회사의 불법 행위가 보도되었다. 상수원 근처에 위락 시설과 골프장을 건설하려고 불법으로 땅을 파헤쳤다는 내용이다. 어떤 사람이 여기에 댓글을 달았다. "시큼한 김치 마늘 냄새 풍기는 한국인들의 탈선이 극에 달했다"로 시작되는 글이다. 그 일부를 원문 그대로 옮겨 보겠다. "그들은 처음 종교를 전파한다는 명목으로 간첩질을 하고, 다음엔 식당을 낸다는 명목으로 술집과 사우나를 개업하여 젊은 여자들이 매춘하게 하고, 다음엔 병원을 세운다는 명목으로 새로 개발한 약을 몽골인들을 대상으로 실험하고, 나아가 가짜 약을 몽골 시장에 퍼부어 치료는커녕 몽골인들에게 해를 입히기 시작하였다. 그 다음엔……." 인신 매매, 아파트 건설사기, 자원 불법 유출, 공직자 매수 등등 한국에서도 자주 듣던 말들이 인용구보다 훨씬 길게 이어진다. 나는 댓글에 올라온 내용을 모두 사실이라고 믿지는 않는다. 아니, 그렇지 않기를 바란다. 댓글의 진위 여부보다도 나는 이런 극단적인 반한 감정을 가진 몽골인이 존재한다는 사실에 주목한다.

그런데 세상은 참으로 알다가도 모를 일이다. 지금부터 정확히 85년 전인 1923년 7월 5일이다. 당시 몽골의 국가수반이었던 보그드 칸에게 한 통의 청원서가 도착했다. 자신을 소련 거주 한인노동자연맹의 위원장이라고 소개한 '최치언'이라는 사람이 보낸 글이다. 사연은 소련에 사는 한인 3000명의 몽골 이주를 허락해달라는 내용이다. 몽골 정부는 처음에 이 청원을 긍정적으로 검토했다. 모스크바 주재 대사에게 진상 파악을 지시하고 각료 회의까지 열어 사태에 신속하게 대처했다. 그러다 모스크바 주재 대사의 건의를 받아들여 갑자기 태도를 바꾸어 사건을 종결해버렸다. 일제와의 관계를 고려한 소련의 압력 때문이었을 것으로 추측될 뿐 더 이상 자료가 없어 자세한 이유는 알 수 없다.

몽골 각 기관의 문서보관소에는 최가 올린 청원서 말고도 1920년대 몽골에서 살았던 한인에 관한 자료가 꽤 많이 남아 있다. 대부분 일제의 압제를 피하여 중국이나 러시아를 떠돌다가 살길을 찾아 몽골에 간 사람들의 생활에 관한 기록이다. 주로 몽골에 귀화를 신청하거나, 위법 행위에 부과된 과태료의 탕감을 요청하거나, 호구지책으로 아편을 밀매하다가 적발되어 구속된 사람들이 선처를 청원하는 내용이다. 청원서에는 현지 몽골인들이 보증인으로 등장한다. "몸이 다쳐 일을 못해 과태료를 마련하지 못했으니", "귀화만 허락해주면 국법을 준수하고", "추운 겨울이니 추방만을 면해주시기를" 등 사연도 하나 같이 애절하다. 그들의 생활이 어땠을지 짐작할만한 대목이다. 그 중에는 더러 좋은 상전(몽골인)을 만나 그럭저럭 입에 풀칠한 사람도 있었겠지만 못된 주인의 구박과 굶주림에 허덕이다 제 명을 채우지 못하고 죽어간 사람도 적지 않았으리라.

천지가 개벽하여 80여 년 전 한인들의 생사여탈권을 쥐고 있던 몽골인 후손들이 이제 돈벌이를 위해 한국에서 궂은일을 하고 있다. 물론 그 때 몽골 땅의 한인들과 지금 한국 땅의 몽골인들은 처지가 다르다. 그러나 먹고 살기 위해 남의 나라에서 살았거나 현재 살고 있다는 점에서는 차이가 없다. 하는 일도 현지 사람들이 꺼려하는 3D 업종으로 비슷하다. 그 때나 지금이나 아쉬운 사람들이라 별 도리가 없겠지만 두 나라 사람들이 시간을 사이에 두고 왜 그리도 똑같은 운명을 주고받는지 알다가도 모를 일이다. 이것이 세상살이인가 하는 묘한 생각마저 든다.

몽골인들이 이주노동자로 한국에 오기 시작한 것은 한국인들이 본격으로 몽골에 들어가는 1990년대 중반부터다. 현재 한국 각지에는 몽골 전체

인구의 1% 이상이 불법 또는 합법적으로 일하고 있다. 서울 동대문구 광희동 일대에 가면 몽골 사람을 쉽게 만날 수 있다. 그 중에서 어느 한 건물은 말 그대로 한국 속의 작은 몽골을 방불케 한다. 그곳에 가면 음식점에서 미장원, 전화, 국제 우편물 취급소, 환전, 잡화류, 심지어 양고기까지 몽골과 관련한 모든 것을 해결할 수 있는 몽골 세상을 볼 수 있다.

전체적으로 한국에서 일하고 있는 몽골 노동자 수는 다른 나라 노동자에 비하면 결코 많지 않다. 그러나 전체 인구에서 차지하는 비율로 따지면 높은 편이고, 이들이 고국으로 보낸 돈은 몽골 경제에 상당한 도움이 된다고 한다. 하지만 그에 못지않게 이주노동의 폐해도 적지 않다. 지금 한국에 와 있는 몽골인들은 국내 거주 이주노동자 중에서 학력이 상당히 높은 편에 속한다. 자기 나라에서 뭔가 역할을 해야 할 사람들이라는 뜻이다. 몽골에서 당장 일자리를 구하기도 어렵고 구해봤자 임금이 낮아 그렇다고는 하지만, 지금 같은 추세는 몽골의 장래를 위해 결코 바람직하지 않다.

돈벌이는 될지언정 한국에서 생활하는 몽골 사람들의 삶은 고달프다. 이 땅의 모든 이주노동자들이 그렇듯이 몽골 친구들도 작은 공장이나 건설 현장 막일 또는 이삿짐센터 등에서 도우미 일을 한다. 대부분 몽골에서는 해보지도 생각해보지도 않았던 일이다. 고달플 수밖에 없다. 사람 대접은 고사하고 임금을 떼이는 일도 흔하고, 혹시 불법 체류자라면 불시에 들이닥치는 단속반의 눈을 피해야 하니 그 인생이 얼마나 팍팍할지 짐작이 간다. 더구나 그들은 상당한 돈을 들여 한국으로 들어온다. 그 구조를 정확히 알 수 없으나 중간 브로커를 경유하는 것이 확실해 보인다.

10년도 훨씬 전에 일어난 일이다. 나는 몽골을 공부하면서 참 마음 아픈 경험했다. 한밤에 잠자리에 들었는데 경기도 일산경찰서에서 전화가 왔다. 음주 운전을 하여 큰 사고를 낸 몽골 노동자가 붙잡혀왔는데 말이 통하지 않으니 좀 와 달라는 부탁이었다. 급하게 택시를 타고 일산경찰서에 도착하자 허름한 옷을 입은 한 중년 남자가 하얗게 겁을 먹고 정말 바들바들 떨고 있었다. 한국에 온지 1주일밖에 안 되는 쓰레기 처리장에서 일하는 사람이었다.

그의 말에 따르면 하는 일이 너무 힘들어 일이 끝나면 한국 노동자들과 함께 매일 술을 마셨다고 한다. 사고 당일도 술을 마시고 숙소로 돌아가는 차에 탔는데 한국 운전사가 물건을 사려고 잠깐 자리를 비운 사이에 운전대를 만지다가 차가 전진하여 바로 앞의 승용차를 박살내 버렸다. 무면허에 음주운전, 당연히 구속되었다. 잘못을 했으니 벌을 받아야 마땅하지만 그의 처지가 너무나 딱했다. 한국에 온지 1주일, 그것도 거금을 주고 이곳에 와 고된 일에 시달리다 사고를 내고 철장 신세까지 지고 추방되었다. 내 경험과 당시 몽골 상황을 고려하면 몽골로 돌아간 후 그의 인생이 결코 정상적이지 못했을 거라는 것은 불을 본 듯 뻔하다. 한 개인으로 보면 엄청난 비극이다.

그래서 글을 마치면서 한 가지 제안을 하고 싶다. 이 땅에서 일하는 몽골 노동자들에게 좀 더 따뜻한 인심을 베풀어 보자고. 인간 평등 인권 등 거창한 구호를 들먹일 필요도 없다. 지금 한국의 몽골인들은 일제 때 시베리아를 떠돌던 한인들에게 보금자리를 마련해 준 사람들의 후손이다. 따라서 그들은 선조들이 베푼 선행에 대한 보은을 향유할 권리가 있는 사람들이다. 우리 역시 이렇게 해야 과거 우리 동포들이 진 빚을 갚을 수 있다. 돌고 도는 것이 사람의 운명인데 100년 후 우리 후손들이 몽골에 가서 신세 지지 않을 거라고 누구 장담할 수 있겠는가?

관련 서적 소개

① 이평래 지음, 「몽골 외무부 소장 1920년대 한국 관련 자료」, 『중앙아시아연구』 제8호 (2003).

　　몽골 공문서보관소의 기록물과 20세기 초기 한국 관련 자료를 소개하는 순수 학술 논문이다. 특히 1920년대 몽골 거주 한인들의 상황과 몽골 이주 문제에 관한 논의 등 우리에게 잘 알려지지 않은 자료를 충실하게 소개하고 있다.

② 장장식 지음, 『몽골에 가면 초원의 향기가 난다』(민속원, 2005).

　　민속학자가 쓴 '몽골 민속기행'으로 읽기도 편하고 흥미로운 소개서다. 저자가 2년 가까이 몽골에 체류하는 동안 각지를 답사하면서 민속 조사를 하고, 이를 리포트 형식으로 보고한다. 저자의 글재주에 생동감까지 보태져 몽골 민속을 전반적으로 이해하는 데 도움이 될 만한 책이다.

③ 이평래 옮김, 『중앙유라시아의 역사』(소나무, 2005).

　　몽골의 과거와 현재를 체계적으로 이해하는 데 도움이 되는 역사책이다. 이 책은 몽골의 역사 뿐 아니라 최근 사람들의 관심을 모으고 있는 중앙아시아 전 지역의 역사를 다루고 있다. 특히 이 책의 후반부 근현대 부분은 체계적이고 읽기 쉽게 정리되어 있어 몽골을 비롯한 현대 중앙아시아를 이해하는 데 매우 유용한 책이다.

④ 유원수 옮김, 『맑은 타미르 강』(민음사, 2005).

　　몽골인들에게 가장 사랑을 받고 있고, 몽골어로 쓰인 현대 소설 중 가장 주목을 받은 대하 장편소설이다. 몽골의 '고요한 돈 강' 또는 '몽골의 전쟁과 평화'라는 찬사를 받을 만큼 여러 외국어로도 번역된 작품이다. 또한 이 소설은 19세기 말기에서 20세기 전반기 몽골인들이 걸어온 고달픈 역정 뿐 아니라, 그들의 일상생활과 유목문화의 진면목을 이해하는데도 매우 유용한 책이다.

러시아와 동아시아

한정숙
서울대 서양사학과 교수

러시아는 동아시아 역사 속에 깊숙이 들어와 있으면서도 대립과 갈등은 크지 않아 동아시아의 좋은 파트너가 될 수 있다.
사진은 지난해 3월 중국을 방문한 블라디미르 푸틴 러시아 대통령(왼쪽)이 후진타오 중국 국가주석과 경제 협정식을 맺는 모습

여전한 오해

글쓴이가 근무하는 대학에서 2006년 11월 하순에 주한 러시아 부대사인 티모닌 박사의 강연회를 열었다. 그는 모스크바 대학에서 한국 현대사 연구로 박사학위를 받고 모교 교수로 재직했던 역사학자이자, 북한 핵문제 해결을 위한 6자회담의 러시아 대표단 부단장으로도 활약한 외교관이다. 강연에서 그는 주로 한국과 러시아 학자들의 역사인식 문제를 다루었고, 역사인식에서 상호이해의 필요성을 강조하기도 했다.

질의응답 시간에 청중 가운데 한 사람이 질문을 했다. 그는 일반적 한국인들은 러시아와 중국은 한국의 통일을 원하지 않기 때문에 6자 회담의 성공도 바라지 않는다고 생각할 것이라며 이에 대한 견해를 물었다. 티모닌 박사는 러시아는 남북한 대화를 통한 한반도 평화 확립과 동아시아의 안정을 바라며, 따라서 6자회담도 성공하기를 원한다고 답했고, 그 사례로 마카오의 BDA은행에 동결되어 있던 북한 자금을 러시아가 자국 중앙은행을 통해 북한으로 송금할 수 있게 한 것을 거론했다.

그 자리에 모인 청중은 박사의 열띤 설명을 진지하게 경청하였으리라고 생각한다. 그러나 그 질문을 들은 순간부터 강연이 끝난 후까지 한 가지 생각이 머리를 떠나지 않았다. 일반 한국인들은 과연 그 질문자가 말한 것처럼 러시아는 한국에 부정적 영향을 미치는 적대 세력이라고만 여기는 것일까, 아니면 그가 단지 질문을 좀 미숙하게 한 것일뿐일까.

해방 후 소련이 북한 정권을 지원하였다는 사실 때문에 소련에 대한 남쪽 사람들의 두려움은 컸다. 세계적 차원에서 냉전이 종식되고 러시아가 시장경제 체제로 전환한 후에도 그 여파는 남아 있다. 제정 러시아의 제국주의 정책과 러·일전쟁의 기억까지 덧붙여져 러시아에 더 심한 두려움을 느끼는지도 모른다. 그런데다 체제전환 과정에서 보인 러시아의 사회경제적 혼란상을 보면서 한국인들은 러시아를 중시하지 않아도 된다고 생각했고 그래서 일부 인사들은 아예 한반도 평화 논의에서도 러시아를 배제하려 하기도 했다.

그러나 러시아는 동아시아 깊숙이 들어와 있는 나라인 데다, 한반도를 둘러싼 4대 강대국 중에서 우리와 과거사 문제, 고대사 분쟁, 영토 분쟁, 군대 주둔 등의 복잡한 문제가 걸려 있지 않은 나라다. 동아시아 자체에서 다른 요인들로 인해 대립과 갈등이 펼쳐지지 않는다면 러시아가 이를 조장할 이유가 없다. 그렇다면 냉전시대적 편견과 불안감을 벗고 이 나라를 동아시아의 평화를 위한 좋은 동반자로 생각할 필요가 있다.

러시아와 동아시아의 만남

동아시아와 러시아는 오래 전부터 만나왔다. 동아시아도 러시아도 비슷한 시기에 몽골제국의 지배와 간섭을 겪었으며, 사람과 물자의 교류 속에서 살았다. 원제국의 수도에는 러시아인 수공업자, 병사들이 끌려왔기 때문에 이미 13~14세기에 적지 않은 러시아인들과 동아시아인들은 얼굴을 맞대고 살았을 것이다. 그런가 하면 몽골인이나 타타르인들 가운데 러시아에 귀화하여 러시아인과 결혼한 사람도 적지 않았다.

접촉의 첫 단계에서 동아시아가 러시아로 갔던 것에 비해, 다음 단계에서는 러시아가 동아시아로 왔다. 1480년에 몽골로부터 독립을 선언한 러시아는 차츰 몽골제국의 옛 영토를 차지했고, 몽골제국의 잔여 세력을 소탕하는 과정에서 끝없이 동쪽으로 나아갔다. 몽골제국의 수중에 들어온 적이 없는 광대한 시베리아 지역까지 모두 러시아 영토로 편입된 것이다.

이 과정에서 러시아는 중국과 국경을 맞대게 되었다. 러시아와 국경분쟁이 일어나면서 청나라가 조선에 원병을 요청하자 조선이 지원군을 파견했으며, 그리하여 이른바 나선정벌을 통해 조선과 청의 연합군이 러시아 군대와 맞붙기도 했다.

러시아에 있어 동아시아는 주된 관심 지역은 아니었다. 유럽 지역에 사는 러시아 지배층에게 동아시아는 너무 멀었고 시베리아는 경제성이 없어 보였다. 그러나 19세기 후반부터 상황이 달라졌다. 제국주의 열강의 영토쟁탈전이 전 지구적인 차원으로 전개되면서 러시아는 의도했든 하지 않았든 동아시아에서도 이해관계의 충돌을 겪게 되었고 제국주의 열강으로서의 위상을 확보하려면 이 지역에서도 입지를 굳혀야 했다. 19세기 중반, 서아시아 및 서남아시아에서 서유럽 열강과의 경쟁에서 밀리고 특히 크림전쟁에서 영국과 프랑스에 패배한 러시아는 중앙아시아와 동아시아 쪽으로 시선을 돌렸다. 중앙아시아를 거의 장악한 이후에는 세력의 공백지대처럼 되어 있던 만주에 큰 관심을 가지게 되었다. 특히 19세기 후반 러시아의 산업 부르주아지는 시베리아를 통해 중국에 러시아의 물품을 판매하고 태평양 함대를 지원하며, 태평양을 통해 미국과 관계를 강화하기를 원했다.

러시아 정부는 시베리아를 통해 동아시아와 북태평양으로 나아가기 위하여 시베리아횡단철도를 부설하였다. 이 철도의 부설은 1891년에 시작되어 1916년에 완공되었는데, 페테르부르크와 블라디보스토크를 연결하게 된 철도의 노선 일부는 부설 당시 러시아 영토에서 만주로 들어와 중국 동북부 지역을 길게 휘감은 후 다시 연해주를 향해 나아갔다. 이러한 노선을 만들기 위해 러시아쪽 관계자들은 청의 실력자였던 리훙장에게 300만 루블이라는 엄청난 거금을 뇌물로 약속하기도 하였다.

시베리아 횡단철도를 통해 러시아는 동부 시베리아와 동아시아로 밀려왔다. 그리고 마침내 러·일전쟁이 일어났다. 이 전쟁의 결과로 조선이 일본의 지배 아래 들어가게 되었기 때문에 많은 한국인들은 러·일전쟁이 한반도 지배를 둘러싼 일본과 러시아 사이의 싸움이라고 이해하고 있지만, 19세기 말 20세기 초에 러시아 제국이 조선을 직접 지배하려고 계획했다는 증거는 별로 없다. 러시아 지배층의 주된 관심은 만주를 장악하는 것이었고, 그러기에 일본이 조선을 지배하고 만주로 넘어오는 것만은 막아야 한다고 여겼으며, 여기에서 일본과의 충돌이 일어났다고 보는 편이 더 정확할 것이다.

따지고 보면 한국인들은 일본의 경우처럼 러시아인들과 직접 전쟁을 하거나 나라 전체가 서로 적대관계에 놓인 적은 없다. 러시아와 일본의 접촉은 1850년대로 거슬러 올라간다. 크림전쟁에서 대결 중이던 영국·프랑스와 러시아는 캄차카 반도에서 전투를 벌이기도 했고, 이 과정에서 일본의 항구를 군함의 정박지로 활용하고자 했다. 러시아는 3개 일본 항구의 이용권을 보장받는 대신 쿠릴열도 영토의 일부를 넘겨주고 사할린을 양국 통치 아래 두기로 약속하는 시모다 조약을 맺었다. 영토분쟁의 씨앗이 뿌려진 셈이다. 러·일전쟁의 패배 결과 조선이 일본의 식민지가 된 것 때문일까. 레닌은 그의 저서 『자본주의 최고 단계로서의 제국주의』 서문에서 제국주의 지배를 받는 나라의 예로 코리아를 특별히 언급했고 러시아 혁명 후에는 한인 혁명가들이 러시아를 무대로 독립운동을 전개하기도 하였다.

러시아 속의 아시아, 아시아 속의 러시아

　러시아가 몽골의 지배를 받은 이래, 유럽인들은 러시아 사회의 후진성을 비판하는 의미에서 러시아를 "아시아적 사회"라고 불러 왔다. 20세기 초, 러시아의 시인 알렉산드르 블록은 이에 반기를 들고 오히려 자신의 정체성의 한 핵심적 요소로서의 아시아성을 자부심과 함께 확인하는 의미에서 "우리는 스키타이인이다. 우리는 아시아인이다"라고 썼다. 러시아 자체 속에 있는 아시아적 성격을 말한 것이다. 비슷한 맥락에서 일군의 논자들은 유럽에 대비되는 유라시아 사회로서의 러시아 사회의 성격을 강조하며 유라시아주의를 선포하기도 하였다.

　아시아 속에도 러시아가 깊이 들어와 있다. 몽골은 러시아혁명 후 두 번째로 사회주의 정권을 수립하여 유지했고, 러시아의 키릴 문자를 받아들여 공식문자로 사용하고 있는 나라다. 중국과 러시아는 현재 어느 때보다도 우호적인 관계를 유지하고 있다. 2006년에는 중국에서 '러시아의 해'가 선포되었고 러시아는 2007년을 '중국의 해'로 선포하였다. 일본은 러시아와 영토 갈등을 겪고 있지만 러시아의 석유와 가스의 채굴권 때문에라도 러시아와 협력하는 것이 초미의 관심사다. 그리고 한국의 입장에서는 어떠한가. 남북한 어느 쪽과도 적대하지 않고 우호적인 관계를 유지하고 있는 러시아야말로 한반도와 동아시아 평화정착을 위해 소중한 파트너가 될 수 있다.

　우리는 흔히 유럽 - 러시아 - 아시아를 잇는 매개체로 시베리아횡단철도만을 떠올린다. 그러나 유럽과 아시아를 잇는 철도로서 시베리아횡단철도보다 더 긴 철도가 둘이나 있다. 하나는 모스크바와 평양을 잇는 철도이며, 다른 하나는 키예프와 블라디보스토크를 잇는 철도이다. 서울과 평양 사이에 철도가 연결된다면 그 다음은 자연스럽게 철도를 통해 모스크바를 거쳐 서유럽까지 갈 수 있다. 많은 사람들이 이러한 꿈을 꾼다. 이는 경제적으로만 중요한 것이 아니라 삶의 정신적 풍요와도 밀접하게 관련된다. 한반도 남쪽은 북쪽과 연결되지 않아 사실은 반도가 아니라 섬의 상태에 있다. 대륙과 육로로 연결되지 않는 공간인 것이다. 공간적 협착성은 시야의 제한, 사고와 상상력의 한계를 낳는다. 대륙으로부터 강제로 배제당하지 않고, 대륙 어디든지 육로를 통해 다닐 수 있다면 굳이 국가의 영토로서 이를 소유하지 않더라도 아쉬울 것이 있겠는가. 러시아가 동아시아에 더 가까이 다가올수록 한국인들의 삶의 스케일도 얼마든지 더 넓어질 수 있다.

관련 서적 소개

① 유리 세묘노프 지음, 『시베리아 정복사』(경북대학교 출판부, 1992).

　이 책은 유럽인의 관점에서 집필된 시베리아의 정복사다. 유럽지역 러시아인들이 16세기 후반부터 카자키를 앞세워 우랄 산맥 동쪽의 시베리아를 정복하는 과정을 담고 있다. 따라서 시베리아의 원래 주인이던 아시아계 토착민들은 정복의 객체로 파악되고 있다. 또한 한국어 번역본에는 러시아어 고유명사를 표기하는 데서 다소 착오가 있다. 그러나 이 주제에 관해 이 책만큼 기본적 사실관계를 알려주는 한국어 문헌이 달리 없기에, 이 정도의 한계는 감수해야 할 것이다.

② A. 말로제모프 지음, 석화정 옮김, 『러시아의 동아시아 정책』(지식산업사, 2002).

　19세기 말 20세기 초 제정 러시아의 동아시아 정책에 관한 연구서다. 저자 말로제모프는 1910년 러시아에서 태어나 1917년 혁명 후 미국으로 이주하였으며 버클리대학에서 러시아의 동아시아 정책을 연구하였다. 이 주제에 관해 가장 상세한 연구는 러시아 학자 보리스 로마노프의 저서 『러시아의 만주진출 1890~1906』인데, 말로제모프는 로마노프보다 시기와 대상지역을 좀 더 넓게 잡고 있다. 이 책은 1860년대 동시베리아 지역의 러시아인 정착정책에서 시작하여 시베리아 횡단철도 부설과정과 러시아의 만주 및 조선 정책을 차례로 살핀 다음, 러시아의 동아시아 정책이 일본 제국주의와 충돌하여 러일전쟁으로 이어지는 과정을 검토하고 있다. 러시아 및 서방 자료들을 풍부하게 활용한 연구서이며, 이 분야의 필독서로 손꼽힌다.

　이 주제에 관해 한국 학자가 쓴 책으로는 최문형, 『러일전쟁과 일본의 한국병합』(지식산업사, 2004)을 들 수 있다.

③ 박한제, 김호동, 한정숙, 최갑수 지음, 『유라시아 천년을 가다』(사계절, 2002).

　중국사, 중앙 유라시아사, 러시아사, 프랑스사를 전공하는 네 명의 역사학자가 대략 10세기 이후 근대에 이르기까지 중국, 몽골, 러시아, 유럽의 관계를 살펴본 문명교류 사론집이다. 공저자들이 해당지역을 함께 여행하면서 나눈 문명에 관한 대화를 바탕으로 하여 쓰여졌다. 본격적 연구서는 아니고, 한 꼭지 당 원고지 20매 내외의 짧막한 글들로 이루어진 대중서이다. 러시아에 대해서는 러시아가 몽골의 지배를 겪었으며 그 후 시베리아를 정복함으로써 아시아 문화의 요소를 많이 흡수하게 되었다는 것을 지적하고 있다.

④ 임영상 외 지음, 『고려인 사회의 변화와 한민족』(한국외국어대학교 출판부, 2005).

19세기 후반부터 국운이 쇠락해가는 한반도를 떠나 러시아령으로 이주해갔던 한국인의 후손들은 소련 - 러시아 땅에서 또다시 강제이주, 소련의 해체 등 파란만장한 변화의 세월을 겪었다. 이 책은 고려인이라 불리는 이들이 어떤 삶을 살아 왔는지, 그 모습을 변화하는 러시아 사회의 맥락 속에서 살펴보고 있다. 필자들은 러시아 현지를 방문하여 고려인들의 삶을 직접 관찰하고 그들과 면담하였으며, 그 결과 중 일부를 독자들 앞에 내 놓았다.

⑤ 정여천 편, 『러시아 극동지역의 경제개발 전망과 한국의 선택』(대외경제정책연구원, 외교통상부, 2008).

역사학, 정치학, 경제학 전공자들이 러시아 극동지역의 역사와 사회경제적 현황을 분석하고, 한국과 극동 지역의 관계를 전망한 글을 모은 책이다. 극동이란 러시아 영토 가운데 가장 동쪽에 속하는 지역을 행정구역상 부르는 명칭이다. 시베리아 역사를 개관한 한 편의 글을 제외한 다른 글들은 러시아 정부의 극동지역 경제정책, 극동지역의 에너지 자원 개발, 교통 및 농업 현황 등을 분석하고 있다. 정책 담당자들을 위한 참고서의 성격이 강하다.

7. 대화

왜 동아시아인가? | 최원식·백영서 대담
동아시아를 다시 생각한다 | 강태웅·백지운·이병한 좌담

최원식·백영서 교수 대담
왜 동아시아인가?

최원식 인하대 교수(오른쪽)와 백영서 연세대 교수가 얘기를 나누고 있다 (사진제공: 경향신문)

  최원식 인하대 교수(한국어문학과·57)와 백영서 연세대 교수(사학과·53)는 1990년대 초 국내에 동아시아론을 처음으로 제기한 주인공이다. 10여 년이 지나 '동아시아'라는 말은 학계뿐 아니라 일반인들 사이에도 흔히 쓰이고 있다. 조운찬 경향신문 문화부장의 사회로 진행된 대담에서 이들은 '왜 동아시아인가'와 함께 '어떤 동아시아인가'라는 물음을 던져야 한다"고 입을 모았다.

사회 왜 동아시아론이 부상하는 것 같나.

최원식 동북아 또는 동아시아에는 뭔가 새로운 가능성을 가진 지역으로서의 함의와 굉장한 충돌의 위기를 갖고 있는 지역이라는 이미지가 공존한다. 동아시아가 자주 얘기된다는 것이 위기의 반영이면서 우리가 절실히 풀어야 할 화두라는 점을 보여준다.

백영서 우리 의지와 무관한 시대의 요청이다. 동아시아가 무슨 유행처럼 보일 정도로 모든 영역에서 관심이 높아진 것은 문화적, 경제적 그리고 정치·안보적으로도 상호의존성이 높아졌음을 반영한다. 6자회담이 보여주듯 남북한 문제는 한반도 차원이 아니라 동아시아라는 지역적 차원에서 풀어야 한다. '왜 동아시아인가'라는 차원을 넘어 '어떤 동아시아인가'로 가야 한다.

사회 현실에서 동북아는 갈등과 긴장이 더 높은데, 동아시아론이 지향하는 교류 협력이 어떤 단계에 와 있는지……

최원식 생활세계에서의 상호의존성은 한·중·일이 '서로 먹어가고 있다'고 할 정도로 깊다. 옛날 같으면 중·일과 조금만 갈등이 불거져도 금새 시민적 교류가 끊어졌는데, 이제는 웬만해선 그렇지 않다. 그러나 국가들 사이의 동아시아, 특히 동북아는 여러가지로 얽혀 있다. 국가 간 관계가 굉장히 깊은 것 같지만 교류 협력의 제도화 면에서 동남아보다 약하다. 학술담론으로서 동아시아론은 일종의 인정투쟁 단계를 거쳐 이제 새로운 단계에 들어섰다.

백영서 '실감으로서의 동아시아'를 얘기할 때다. 담론의 추상성은 높은데,

생활세계에서 느끼는 동아시아에 대한 얘기는 별로 못했던 것이 사실이다. 당장 서점에는 일본 문화가 깔려 있고, 연말연시 선물의 90%가 중국 제품이다. 지식의 세계에서 실감으로서의 동아시아가 더딘 것은 과거 국민국가, 민족 단위의 틀에 갇힌 이들이 여전히 많기 때문이다.

사회 우리 학계의 동아시아 담론의 흐름을 짚어달라.

백영서 잡지·출판 쪽과 대학 쪽 모두 지식을 생산하고 유통하는 점에서는 같지만 잡지·출판 쪽에서는 양적, 질적으로 많이 성장했다. 그러나 대학이나 연구소 등 제도권에서 동아시아 담론의 축적은 많지 않다. 아직은 열기가 제도 밖에서 안으로 들어가는 현실이다.

최원식 '아시아 영화'라는 새로운 장르를 보자. 예전엔 합작이라는 형태로 국가 사이의 경계가 있었는데 이제는 한국 대본과 일본 자본, 중국 배우를 가져다 쓴다. 생활세계 속에서 국경을 의식하지 않고 일하는 사람들이 나오는 것이다. 학계가 먼저 동아시아론을 내놨지만, 생활세계까지 담아내지는 못하고 있다. 이를 극복하기 위해 대학 내에 '동아시아' 개념의 과정들이 더 늘어야 한다.

백영서 일국적 사고를 벗어날 필요가 있다. 문학만 해도 영문학, 독문학, 중문학 등 국가단위로 세분돼 있어 아직 동아시아 문학이란 건 생각하지 못한다. 동아시아학이 지역학으로 전락해도 곤란하다. 대안이 되려면 일국

단위 특수주의뿐 아니라 지역 단위 특수주의도 벗어나야 한다. '소통적 보편성'이다. 특수한 것을 다른 이들에게 인정받는 방식을 생각하는 게 바로 소통이다. 잠정적으로 동아시아 내에서 소통 가능한 것을 찾아보자는 것이다.

사회 동아시아사를 역사 교과목에 넣겠다고 한 정부의 최근 방침을 어떻게 평가하나.

백영서 기본적으로 찬성한다. 다만 기존 동아시아론과 연결되지 않으면 역사 교과가 한국사, 동양사, 서양사의 3분론에 빠질 수 있다. 정부는 현실적인 목표가 있는 것 같다. 한·중·일 사이의 역사 갈등이 심하니까 우리가 주도적으로 화해와 협력 교류의 역사 인식을 만들어 파급시켜 중·일에도 영향줄 수 있지 않을까 하는 것이다. 경계할 것은 한국사 연구자들은 한국사의 확대로 여기며 한국과 주변국 간의 교류사, 즉 국제관계사 정도로 생각하기 쉬운 반면 동양사 연구자들은 동양사 관련 서술을 늘리려 할 것이란 점이다. 동아시아를 단위로 해서 한·중·일이 각자 중심적 역할을 한 부분들을 조절해야지, 병렬적인 삼국지가 나와선 안된다. '동아시아사 교과서'는 정부의 결정일 뿐 아니라 그간 축적돼온 동아시아론과 연대운동의 한 결과물이다.

최원식 문학자들이 모이면 논의가 자유로울 것 같지만 절대 아니다. 언어는 최후의 집 지킴이요, 문학자는 민족어 최후의 수호자이기 때문이다. 그런 점에서 가장 좋은 훈련장은 역사다. 공동역사 편찬 작업을 통해 세 나라

시민들은 현실 이해뿐 아니라 담론·비전까지 공유할 기회를 가질 것이다.

사회 동북아는 유럽연합 뿐 아니라 동남아에 비해서도 교류협력이 더딘 편인데…….

백영서 나는 사실 낙관한다. 좁은 의미의 동북아로만 보면 비관적일 수도 있겠지만 동북아는 일단 불균등이 심하다. 국민국가 옷만 걸쳤지 사실은 제국인 중국, 한때 제국 꿈을 꾸다가 주저앉은 일본, 그리고 한국이 있다. 불균등이 심해서 협력이 쉽지 않지만 낙관하는 것은 이제 어떤 일도 어느 한 국가가 혼자 결정할 수 없는 세상이 되어버렸기 때문이다. 여기에 우리의 노력이 좀 부족할 뿐이다. EU를 상정하며 조급해 하는 경향도 있는데 그럴 필요 없다. 우리도 조금씩 제도화해 나가면 된다. 궁극적으로 EU식이 안될 수도 있다.

최원식 동북아에 제대로 제도가 정착하지 못하는 것은 덩치 큰 나라가 너무 많기 때문이다. 한국도 결코 작은 나라가 아니다. 이 말은 동북아가 뭉치는 것에 대한 굉장한 두려움이 있음을 뜻한다. 구미의 강력한 견제는 우리도 잘 모르는 동북아 협력 저해 요인이다. 한·중·일 어느 한 나라만 빼고 두 나라가 협력해도 난리가 난다. 이 어려운 조건 하에서 협력이 이뤄지기라도 하면 세상을 변하게 만들 힘이 된다. EU를 우리가 지향해야 할 종국점으로 보는 것은 실효성도 없고, 생산적이지도 않다. 그럼에도 동북아에서의 협력 장애물들을 제거하는 것은 중요하다. 현 상황은 냉전시대 동북아

질서에서 탈냉전 동북아질서로 넘어가는 과도기에서 오는 '어금버금'이다. 그 축에 한반도가 있다. 남쪽 시민들은 무거운 자기 사명감을 가져야 한다. 한·미관계와 한·일관계는 조정기를 거치며 기존 구도에서 일탈하는 중이다. 이 때문에 미·일은 우리가 중국쪽으로 기울었다고 판단한다. 동아시아론은 우리 입장에서는 철저한 '등#거리'이다. 어느 쪽에도 쏠리지 않는 감각을 교육하고 전승하는 속에서, 왜 동아시아인가에 대한 최고 수준의 해답이 나오지 않을까.

백영서 우리 논의가 친중국적으로 가는 것 아니냐는 오해가 있지만 미·일이 주도하는 아시아 질서를 비판하기 위해 중국 역할을 강조해왔을 뿐이다. 중국도 비판할 수 있다. 동남아를 포함, 중국 주변 세력을 통해 중국을 다시 보고 동아시아도 다시 보는 시각이 필요하다.

사회 동아시아 연대활동 단체들도 급속히 많아졌는데…….

백영서 동아시아 연대활동 급성장의 특징은 활동가들의 자발성이다. 민주화, 시민운동을 주도했던 분들이 스스로 성찰하며 특정 국가의 지원 없이도 지역적으로 확대해 왔다. 평화운동은 중동까지 확대됐다. 물론 자민족 중심적이지 않나, 한국의 운동 모델을 수출하는 것 아니냐는 성찰은 항상 필요하지만 그런 걱정을 할 단계까지는 아닌 것 같다. 여전히 풀뿌리가 아닌 활동가 중심의 연대운동이 아닌가 하는 게 좀 더 우려스럽다.

최원식 그간 한국사회가 외부와 교류가 많지 않았다는 점에서 최근 활발한 연대활동은 고무적이다. 걱정되는 것은 어떤 비전을 공유하지 못하고 있다는 것이다. 일부 연대운동은 한국이라는 현장을 이탈하는 경향과 맞물리고 있다. 한국사회를 근사한 사회로 만든다는 의식과 연대의식이 함께 가지 않으면 자민족중심주의뿐 아니라 '향수론'에 빠질 수도 있다.

백영서 동아시아론은 국내개혁과 쌍방향으로 작용해야 한다. 동아시아론이 정말 유용하고 생산적이라면 국내개혁에도 도움을 줘야 한다. 사실 현실이 그런 단계를 요구하고 있다. 한국 내 이주자, 특히 여성 이주자들과의 연대를 생각하면 자연히 우리 사회 내 문제점이 드러난다. 그걸 개선해야 '선진사회', '매력국가'가 된다.

사회 경향신문이 지난해 연재한 기획시리즈 '오늘의 동아시아'를 평가한다면······.

백영서 이렇게 지속적, 전폭적으로 동아시아론과 연대운동을 다룬 일간지가 없었던 만큼 지지와 연대의 마음을 보낸다. 다만 이제는 현장, 생활세계 동아시아를 얘기하는 것에 초점을 맞췄으면 한다. 서남포럼도 올해 '현장에서 혁신하는 동아시아 네트워크'라는 기조를 정했다.

최원식 경향신문의 뚝심이 반가울 뿐이다. 동아시아론을 처음 제기한 것이 93년이다. 91년에 소비에트가 해체되며 서도西道의 전면적인 붕괴가 왔다.

서구식 자본주의의 대안이라던 20세기 사회주의의 붕괴로 서도가 더 이상 인류를 이끌 등불이 아니란 게 분명해졌다. 한국인으로서, (동)아시아인으로서 새로운 길을 고민해야 했다. 서양인들은 위기에 부닥치면 희랍, 라틴 고전으로 돌아가는 한편 아시아적 사유에서도 많은 것을 얻었다. 그러면 우리는? 아시아의 전통적 지혜로부터 새로운 사유를 끌어내는 게 우리가 인류에 기여할 수 있는 것이다. 동아시아론은 현실적으로 한반도 분단체제의 평화적 극복과 맞물려 나온 것이다. 그런 점에서 세계 형성의 새로운 원리는 아시아 전통에서 나올 수 있다.

백영서 우리는 동도서기東道西器라고 하지만, 일본은 화혼양재和魂洋才, 중국은 중체서용中體西用이라 한다. 압도적인 서양 문명에 대해 중국에는 '중中'이, 일본에는 '화和'가, 우리에겐 '동東'이 있었다. '동'은 좁은 의미로 한국이지만 넓히면 '동아시아'가 된다. 한국 현장에서 대안을 찾되, 동아시아 차원에서 소통할 수 있는 기반을 확보해야만 우리 문제, 지역 문제, 세계 문제를 풀 수 있게 된다.

(정리: 손재민 경향신문기자)

강태웅·백지운·이병한 좌담
"동아시아를 다시 생각한다"

백지운 교수, 강태웅 교수, 이병한 씨가 경향신문 연중 기획물 '동아시아의 오늘과 내일'을 결산하는 좌담을 하고 있다
(사진제공: 경향신문)

　서남포럼과 경향신문사는 2007년 1월부터 12월까지 '동아시아의 오늘과 내일'이라는 주제의 기획물을 경향신문 지면에 연재했다. 동아시아를 둘러싼 여러 논의들을 테마별로, 지역별로 기획하여 국내외의 전문가들이 모두 44회에 걸쳐 칼럼을 게재했다. 또한 서남포럼은 기획 시리즈와 더불어 '제국의 교차로에서 탈제국을 꿈꾸다'라는 제목으로 오키나와, 호찌민, 타이베이 등 동아시아의 현장을 찾아가 현지의 지식인들과 토론회를 갖고 그 결과를 경향신문에 보고했다. 이러한 일련의 장정을 마무리하는 좌담회를 가지면서, 독자의 입장에서 이 칼럼들을 어떻게 보았는가에 대한 이야기를 중심으로, 지금까지 나왔던 논의를 되씹어보고 앞으로 발전시켜 나갈 방향 등을 논의하였다.

한류와 한국학

강태웅 서남포럼의 운영위원으로서 '동아시아의 오늘과 내일'에 실린 칼럼들을 다 읽고 와주신 두 분께 감사드린다. 먼저 눈에 띄는 점부터 이야기해달라.

백지운 역시 한류에 대한 칼럼이 많았다. 중국과 일본에서의 한류는 물론이고 다른 아시아 국가에서의 한류에 대한 이야기도 있어 잘 몰랐던 사실을 많이 알게 되었다. 하지만 결국은 우리의 영향력이 어느 정도인가라는 점에 치중한 것 같아 뭔가 새로운 돌파구를 찾지 않으면 안 될 것 같다. 이제는 포스트 한류를 다루는 논의들이 필요하다.

이병한 이전과 다른 각도에서 한류를 다룬 칼럼들이 있어 시각을 넓히는 데 도움이 되었다. 예를 들면 온라인게임 분야에 있어서의 한류와 한·중·일 경쟁구도, 그리고 음식문화를 통한 동아시아 문화의 융합 등은 새로운 시도였다. 더 일상적으로 나아가 패션 같은 것도 다루어졌으면 한다.

백지운 한류의 연속으로서의 한국학에 관한 칼럼도 눈에 띄었다. 동아시아 각국에서 150여 개에 이르는 한국학 관련 학과가 생겨났고 그것이 한류가 남긴 유산이라고 생각된다. 하지만 한국의 위상이 높아질수록 한국이 아시아를 왜곡할 가능성이 커지는 것은 아닌가. 다시 말해서 수신자 입장에서 한국을 보는 시각과 발신자인 한국이 수신자인 아시아 각국을 보는 시각에

격차가 생겨버려, 한류라는 좋은 문화소통의 기회가 오히려 오해와 왜곡을 낳기도 했던 것 같다. 이러한 문화민족주의를 해결해나가는 것이 포스트 한류시대의 과제가 아닐까 생각된다.

동아시아에서의 상호이동

강태웅 또 하나의 키워드로 동아시아 역내에서의 이동을 들 수 있다.

백지운 지금 몽골의 노동자들이 한국에 많이 들어오고 있지만 80여 년 전에는 일제를 피해 몽골로 가 몽골정부의 도움을 요청했던 한국인이 많았다는 칼럼이 재미있었다. 이주노동자 문제는 동아시아 공존과 연결되는 중요한 문제인데 그다지 주목받지 못하는 것 같다. 또한 한국 내 화교의 문제도 같은 맥락에서 다루어져야 한다고 생각해왔는데 그러한 점을 지적한 칼럼이 있어 기뻤다. 현재 지자체에서는 차이나 타운을 유치하려고 노력하고 있지만 정작 화교들은 한국을 떠나고 있다.

이병한 사람의 이동으로서 결혼, 조기유학, 이주노동자, 그리고 디아스포라로서 재일동포와 화교 등이 칼럼에서 다루어졌다. 동남아 노동자들이 한국으로 오고, 한국의 유학생과 기업인은 중국으로 가고, 한국기업과 관련해서 조선족이 빠져나간 중국의 동북지방은 탈북자들이 와서 정착하는, 동아시아의 자본이 재편되면서 사람들이 경계를 넘어 돌고 도는 상황인 것 같다. 19세기 말 개항장에 관한 칼럼은 동아시아의 상호이동이 활발해진 현재와 비교가 되어서 흥미로웠다.

백지운 오히려 20세기가 제국주의와 냉전으로 인해 동아시아의 역내 이동성이 가장 닫혀있던 특수한 시대가 아니겠는가. 어찌 보면 지금은 전통적인 동아시아라는 것을 상실했다가 다시 찾아가는 과정일 수 있다. 연구자들도 기존의 국민국가의 경계를 넘어 동아시아라는 틀로 전통시대를 재조명하려 하고 있다.

강태웅 동아시아에서의 이동에는 자본의 이동도 있는데.

이병한 문화와 관련된 자본의 이동에 대한 칼럼들이 있었다. 재미있었던 것은 자본의 이동에 의한 합작을 통해 만들어진 영화는 오히려 무국적성을 갖게 되어 성공하지 못한다는 칼럼이었다. 즉 동아시아 문화라는 큰 틀로 묶어버리면 망해버리고 오히려 자기나라에서 자기 주제로 만드는 것이 히트하는 현상이 재미있다.

백지운 동아시아 공통의 문화를 강조하면 중화적인, 고전적인 동아시아 이미지로 굳어져버리기 때문에 상상력이 제한되어버리고 다양성이 없어지는 것이 아닐까.

동아시아가 가리키는 범위

강태웅 동아시아의 범위와 개념 또한 문제시될 만하지 않은가.

이병한 인도가 중국과 일본과의 관계를 돈독하게 하고 있는 것에 대한 칼럼도 있었고, 지금까지 유럽국가적인 정체성을 가지고 있던 호주가 동아시아에 들어오려는 것을 분석한 칼럼도 있었다.

강태웅 동아시아에 한국, 중국, 일본 그리고 동남아시아, 거기에 인도, 호주도 들어오려고 하고 있다면 동아시아라는 개념이 확대될 필요가 있는 것 같다. 아니면 동아시아라는 용어의 이용가치가 벌써 끝나버린 것인가.

백지운 동아시아든 동북아든 자기가 인식할 수 있는 능력의 범위와 관련이 있는 것이 아닐까. 예전엔 동남아를 동아시아의 범위에서 굳이 빼고 싶었던 것이 아니라 잘 모르는 세계였기 때문에 그랬고, 이제는 많은 교류가 있다 보니 자연스럽게 동아시아로 여겨지는 것일 것이다. 그렇다고 아시아의 국가가 100개라고 하면 균등하게 나누어 관심을 갖는 것은 아니다. 인식상의 거리가 있는 것이고, 아무래도 우리와 밀접하게 관계가 있는 것부터 알아가는 것이 순서일 것이다. 지금은 동아시아라는 개념이 유효성을 갖고 있지만 우리의 인식영역의 확대에 따라 흔들리게 될 것이고 아마 거기서 벗어나게 될 때가 올 것이다.

강태웅 동아시아에 대한 인식이 확대되면서 거꾸로 존재감이 약해지는 나라도 있다. 타이완 같은 경우 10여 년 전에 비해서 한국에게는 잊혀진 나라가 되지 않았나.

백지운 중국과의 수교를 맺기 이전에는 중국학 연구자들은 타이완에서 유학을 했고 현재 학계의 중진들이 그러하다. 타이완과 관련해서 덧붙여 이야기하면 이번 기획에서 정치, 경제가 차지하는 비중이 작았다. 그 부분을 더 깊이 있게 다루어주는 칼럼이 있었으면 좋겠다. 아사히신문의 '일본사람들이 중동을 어떻게 보는가'에 대한 짧은 정치칼럼을 읽었는데 일본 사회가 갖고 있는 공포의 실체에 대해 짧은 글이었지만 깊은 이해가 가능한 글이었다. 동아시아 부분에 정치칼럼이 들어가면 어떨까 생각한다. 지금 중국이 타이완을 계속 비난하고, 미국도 타이완을 버렸다고 한다면 동아시아에서 타이완은 분쟁의 중심이 될 것이고 우리와도 무관하지 않을 것이다. 그런 문제를 환기시켜 주는 한 가지 사건에 대해 깊게 파고 드는 정치 칼럼이 많이 필요할 것 같다.

'동아시아의 오늘과 내일'에 대한 평가

강태웅 마지막으로 이번 칼럼 기획에 대해 전반적인 평가를 해달라.

이병한 현장감이 있는 글이 많아서 좋았다. 오키나와, 호찌민, 타이베이 등 직접 현장에 가서 토론을 한 것을 전한 칼럼은 현지의 목소리를 생생하게 듣는 듯했다. 일본이나 중국을 다룰 때에 국가 단위가 아니라 지방단위의 사고 역시 필요하다는 것을 느꼈다. 똑같은 사건이라 하더라도 지방단위로 사건을 바라보는 시각이 다르므로 훨씬 더 다각적으로 바라볼 수 있는 것 같다. 또한 우리 안의 동아시아를 이야기하면서 국내에 온 외국인 유학생에게 한국학을 가르치는 강의실의 현장 스케치도 참신했다.

백지운 정보량은 많아졌지만 깊이 있는 정보가 귀한 시대에 이런 기획이 있었다는 것은 굉장히 중요하고 고마운 일이다. 한중일 중심으로 이야기를 하면서 그것을 중심으로 동심원으로 퍼져 나가 동아시아가 있고 그리고 몽골·인도·베트남까지 우리가 보통 잘 접하지 못하는 아시아 여러 국가들의 이야기를 들을 수 있어서 유익했고, 그렇게 함으로써 동아시아를 입체적으로 볼 수 있었던 이점이 있었다. 이러한 칼럼 전개를 통해 그간 한국에서 동아시아 이야기를 어떤 분야에서 어느 정도까지 해왔나라는 지평이 보이는 것 같다. 어디가 부족하다는 것도 알 수 있고, 어떤 부분을 키워야 할지도 알 수 있다. 이런 기획이 있었기에 점검과 진단이 가능한 것이다.

이병한 또 이런 칼럼이 기획된다면 서술방식을 바꾸어도 좋을 것 같다. 상하이, 인천, 나가사키 등의 네트워크를 중심으로 분석하거나, 1920년대는 어떠했나 식의 시대별, 지역별, 공간별로 쪼개서 서술하는 것도 재미있지 않을까 싶다. 또한 괌이나 하와이, 사할린 등으로 영역의 확장도 필요할 것이다. 그리고 칼럼 내용과 관련된 추천도서를 독자에게 소개해주었으면 하는 바람도 있다.

백지운 각 나라의 과거사라는 주제도 접근해볼 필요가 있다. 도쿄재판 관련 칼럼도 있었는데 우리에게는 친일행위에 대한 문제가 있다. 중국에서는 좀 성격이 다르지만 문화대혁명에 대한 기억을 어떻게 청산해야 하는가가 문제이다. 그것이 제대로 되지 않고 개혁개방으로 넘어오면서 사회 안에 온갖 부조화가 생기는 것이다. 성격은 각각 다르겠지만 동아시아 각국에 있어서의 과거사 문제를 각 국민국가 단위가 아닌 동아시아적 시각에서 바라보는 것도 좋은 기획이 될 것 같다.

(정리: 강태웅 광운대학교 일본학과 교수)